国家卫生健康委员会"十四五"规划教材

全国中等卫生职业教育教材

供中等卫生职业教育各专业用

心理学基础

第 4 版

主　编　田仁礼

副主编　付广燕

编　者　（按姓氏笔画排序）

卢永菲（山东省莱阳卫生学校）（兼秘书）

田仁礼（山东省莱阳卫生学校）

付广燕（通化医药健康职业学院）

李正禄（云南省临沧卫生学校）

张小文（赣南卫生健康职业学院）

罗新红（郑州卫生健康职业学院）

贺彦芳（运城护理职业学院）

人民卫生出版社

·北　京·

图书在版编目（CIP）数据

心理学基础 / 田仁礼主编 . —4 版 . —北京：人
民卫生出版社，2022.11
ISBN 978–7–117–33988–9

Ⅰ.①心… Ⅱ.①田… Ⅲ.①心理学 – 中等专业学校
– 教材 Ⅳ.①B84

中国版本图书馆 CIP 数据核字（2022）第 208563 号

人卫智网	www.ipmph.com	医学教育、学术、考试、健康， 购书智慧智能综合服务平台
人卫官网	www.pmph.com	人卫官方资讯发布平台

心理学基础
Xinlixue Jichu
第 4 版

主　　编：田仁礼
出版发行：人民卫生出版社（中继线 010-59780011）
地　　址：北京市朝阳区潘家园南里 19 号
邮　　编：100021
E - mail：pmph @ pmph.com
购书热线：010-59787592　010-59787584　010-65264830
印　　刷：保定市中画美凯印刷有限公司
经　　销：新华书店
开　　本：850×1168　1/16　印张：11.5
字　　数：245 千字
版　　次：2002 年 1 月第 1 版　　2022 年 11 月第 4 版
印　　次：2022 年 12 月第 1 次印刷
标准书号：ISBN 978-7-117-33988-9
定　　价：42.00 元

打击盗版举报电话：**010-59787491**　E-mail：**WQ @ pmph.com**
质量问题联系电话：**010-59787234**　E-mail：**zhiliang @ pmph.com**
数字融合服务电话：**4001118166**　E-mail：**zengzhi @ pmph.com**

出版说明

　　为服务卫生健康事业高质量发展,满足高素质技术技能人才的培养需求,人民卫生出版社在教育部、国家卫生健康委员会的领导和支持下,按照新修订的《中华人民共和国职业教育法》实施要求,紧紧围绕落实立德树人根本任务,启动了全国中等卫生职业教育第四轮规划教材修订工作。

　　第四轮修订坚持以习近平新时代中国特色社会主义思想为指导,全面落实《习近平新时代中国特色社会主义思想进课程教材指南》《"党的领导"相关内容进大中小学课程教材指南》等要求,突出育人宗旨、就业导向,强调德技并修、知行合一,注重中高衔接、立体建设。

　　第四轮教材按照《儿童青少年学习用品近视防控卫生要求》(GB 40070—2021)进行整体设计,纸张、印制质量以及正文用字、行空等均达到要求,更有利于学生用眼卫生和健康学习。

　　第四轮修订编写工作于2022年启动,各教材章节保持基本不变,人民卫生出版社依照最新学术出版规范,对部分科技名词、表格形式、参考文献著录格式等进行了修正,并根据调研意见进行了其他修改完善。

2022 年 9 月

第3版前言

为深入贯彻党中央"加快发展现代职业教育"精神,适应医学教育改革的新需求,我们根据全国中等卫生职业教育"十三五"规划教材会议精神、新一轮教材编写原则需求,精心编写了本书,供中等卫生职业教育各专业使用。

在教材的编写中,我们力图以学生为中心、以就业为导向、以能力培养为本位、以岗位需要为标准,体现"三基"(基础理论、基本知识、基本技能)、"五性"(思想性、科学性、先进性、启发性和适用性)。并力求理论与实践一体,突出技能培养;教材内容与临床工作结合,体现工作岗位需要;强化职业教育立德树人、德能并重、知行合一和崇高职业精神培养的育人理念,坚持职业教育的"五个对接"。

本书从理论知识、技能培养等方面紧扣卫生类中等职业学校教育的特点,教学内容和结构设计与临床工作实践紧密结合,并在编写内容和方法上做了一些新的尝试,注重持续激发学生的学习热情,力求重点突出、精练趣味、实用性强,以贴近社会对教育的需求,贴近受教育者的心理取向和所具备的认知水平,满足临床应用的需要。始终坚持内容上不求大求全,体现知识、技能、素养并重,保证以必知、必会、必考内容为基础,浅显易懂,与时俱进,有所发展。

尽管想实现以上的理念,但由于编写时间仓促、编写水平有限,书中还会有不当之处,错误和疏漏在所难免,恳请各位同行、专家及读者不吝赐教,提出宝贵意见,以便教材修订和再版时内容更加完善、质量能进一步提高。

田仁礼

2017 年 2 月

目　录

第一章 │ 绪 论

01章 数字资源

案例

　　狼孩是从小被狼攫取并由狼抚育长大的人类幼童。1920年在印度加尔各答发现了两个狼孩。大的叫卡玛拉,小的叫阿玛拉。她们刚被发现时,生活习性与狼一样;用四肢行走;白天睡觉,晚上出来活动,怕火、光和水;只知道饿了找吃的,吃饱了就睡;不吃素食而要吃肉(不用手拿,而是放在地上用牙齿撕开吃);不会讲话,每到午夜后像狼似地引颈长嚎。到了第二年阿玛拉不幸死去。而卡玛拉经过7年的教育,才掌握了45个单词,勉强地学了几句话,一直活到1929年。她死时估计已有16岁左右,但其智力只相当于三四岁的孩子。

　　请问:1. 人的心理活动是如何产生的?

　　　　　2. 人有了正常的大脑就一定有正常的心理活动吗?

第一节　心理学概述

一、心理学的概念

　　心理学是研究人的心理活动及其行为规律的科学。心理活动是人类诸多生命活动中的一种高级活动形式,它是人与客观事物相互作用时,人脑对客观事物的反映过程。人类通过心理活动来认识客观世界,从而更好地适应并改造客观世界。

有一位西方心理学家曾评价说"心理学有一个漫长的过去,却只有一个短暂的历史"。的确,心理学是一门既古老又年轻的科学。说其古老,是因为人类探讨自身的心理现象已有两千多年的历史了。长期以来,许多哲学家、教育家、思想家和医生就十分关注"心灵""意识""人性"等问题。我国古代著名思想家、教育家如孔子、孟子、荀子等人,都曾探讨过人性的本质,在人性与环境的相互关系问题上也有过一系列的精辟论述。古希腊哲学家亚里士多德的著作《灵魂论》《记忆论》《梦论》等,可谓是最早的心理学专著。而同时期的希波克拉底在他的《论人的本性》等书中首先提出了"脑是心理的器官"。

直到19世纪后半叶,在自然科学和实验技术迅速发展的影响和带动下,心理学才真正脱离哲学,而成为一门独立的学科。1879年德国心理学家冯特创建了世界上第一个心理实验室,标志着现代心理学的诞生。在冯特的主持下,开展了对感知觉、联想和情感等的系统研究,形成了现代心理学的雏形。此后,大批的哲学家、生理学家、医学家和教育学家按照各自的理论和方法对心理现象进行了研究。对心理学发展影响较大的学派主要有精神分析学派、行为主义学派、人本主义学派、认知学派和心理生理学派等。

二、心 理 现 象

心理是人的大脑在反映客观环境时所进行的一系列复杂的功能活动的总称,是生物进化过程中表现出的一种特殊的生命现象。人之所以能成为万物之灵,就是因为人有丰富多彩、极其复杂的心理活动。

一般把心理现象分为心理过程和人格两个统一的、不可分割的方面(图1-1)。

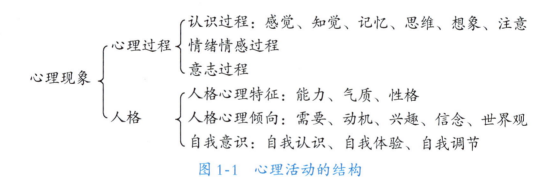

图 1-1　心理活动的结构

心理过程是指人心理活动发生、发展的过程。具体地说,是指在客观事物的作用下,在一定的时间内,大脑反映客观现实的过程,包括认识过程、情绪情感过程和意志过程。它们之间不是彼此孤立的,而是相互联系、相互渗透、相互制约的。人们通过对客观事物的认识而产生了态度体验并引发了相应的意志行为。与此同时,人们的情感和意志也使认识活动得到进一步的深化。

人格也称个性,是指一个人的整体精神面貌,即具有一定倾向性和比较稳定的心理特征的总和。人格主要包括两方面:一是人格心理倾向,人进行活动的基本动力,是活动倾向方面的特征,如需要、动机、兴趣、信念、世界观等;二是人格心理特征,表现一个人的稳定而典型的特征,是人格的核心部分,包括能力、气质、性格等。

三、心理实质

(一)大脑是心理活动的器官,心理是大脑的功能

1. 人脑的进化水平比其他动物高　主要表现为两个方面:一是脑重指数最高。脑重指数是指脑重与体重的比例。发育正常的成人脑重平均为 1 400g。心理和智能的发展水平与脑重并不是正比例关系,否则世界上最聪明的动物应该是鲸鱼(脑重 7 000g)和大象(脑重 5 000g),人脑的重量(平均 1 400g)在自然界只排在第三位。但是人的脑重指数远远高于其他动物(图 1-2)。二是大脑新皮质所占比例最大　从大脑皮质的进化水平来看,人类的大脑皮质特别是新皮质得到了高度的发展。虽然人脑新皮质在大脑皮质中的比例与类人猿相近,但人的颞区、下顶区和额叶这些与信息加工、整合、行为控制等功能有关的重要部位的面积明显增大。新皮质的高度发展,使人类可以适应极其复杂的自然环境,并在本质上区别于其他动物。人类的心理活动与其他动物相比具有更高的智力和更细微、敏感的情感体验,从而也更容易发生心身疾病。

2. 大脑具备非常复杂的心理功能分区　大脑皮层分成三大功能区域。

(1)初级感觉区:初级感觉区包括视觉区、听觉区和机体感觉区。它们分别接受来自眼睛的光刺激,来自耳朵的声音刺激,来自皮肤表面和内脏的各种刺激等。它们是接收和加工内外信息的区域。

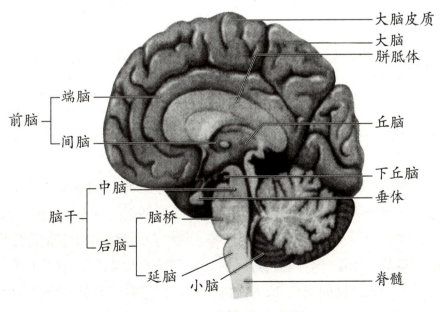

图 1-2　人类大脑的结构

视觉区位于顶枕裂后面的枕叶内,听觉区在颞叶的颞横回处,机体感觉区位于中央沟后面的一条狭长区域内。

(2) 初级运动区:初级运动区又称为躯体运动区,位于中央前回和旁中央小叶的前部。它的主要功能是发出动作指令,支配和调节身体在空间的位置、姿势及身体各部分的运动。身体各部位在运动区的投射面积不取决于各部位的实际大小,而取决于它们在功能上的重要程度。

(3) 联合区:从系统发生上来看,联合区是大脑皮质进化较晚的一些脑区。它和各种高级心理功能有密切的联系。动物的进化水平越高,联合区在皮质上所占的面积就越大。低等哺乳动物(如老鼠)的联合区在皮质总面积中占的比例很小,而人类大脑皮质的联合区却占皮质总面积的 3/4 左右,比感觉区和运动区要大得多。

依据联合区在皮质上的分布和功能,可分成感觉联合区、运动联合区和前额联合区。

感觉联合区是指与感觉区邻近的广大脑区,该区受损将引起各种形式的不识症。例如,若视觉联合区受损,会出现视觉不识症,即患者能看见光线,视敏度正常,但丧失认识和区别不同形状的能力;或者他们能看见物体,但不能称呼它,也不知道它有什么用处。

运动联合区位于运动区的前方,又称前运动区,它负责精细的运动和活动的协调。运动联合区损伤了的钢琴家,能够正确地移动他的每个手指,正确地完成演奏时的各种基本动作,但不能完成一段乐曲、演奏一个音阶,甚至不能有韵律地弹动自己的手指。

前额联合区位于运动区和运动联合区的前方,通过额叶切除手术发现,本区可能与动机的产生、行为程序的制定及维持稳定的注意有密切关系。

(二)心理活动是人脑对客观现实的反映

1. 客观现实是心理活动的源泉   人脑是心理产生的器官,是一切精神活动的物质基础。但是人脑不能凭空产生各种心理,只有外部事物的刺激,通过感觉通路传入到脑,才会产生反映该事物的心理活动。因此,客观现实是心理活动产生的源泉和内容,没有客观现实就没有人的心理活动。

客观现实是指人的心理以外的一切客观存在,包括自然环境和社会环境。比如,人能感知河流、山川、花草、树木,是人对自然界客观事物存在状态的反映;医生对患者进行诊断,是对患者的症状、体征及疾病过程中各种病理表现相互关系的反映。那些神话故事或科幻小说中虚构的各种形象,尽管它们本身超脱现实,但构成它们的原始素材还是来自我们生活的客观世界。

2. 社会生活实践是人心理产生的基础   人的一切心理活动都是在认识和改造客观现实的实践活动中形成和发展起来的,没有人的社会实践就没有人的心理。也就是说,正是人的社会实践促进了个体心理的发展与完善。正如前面案例中提到的印度发现的两个狼孩,她们虽然具备大脑这一心理器官,但由于长期脱离人类社会,缺乏人类社会生活环境的影响,缺乏人与人之间的交往,或者说她们没有在客观现实中进行社会生活实践,因此就不能产生正常人的心理活动。由此可见,社会实践对人的心理发展起着极为重要的作用,尤其是在生命的早期。

3. 在社会实践中人具有主动性和能动性　心理是对客观现实的反映。心理的内容是客观的,但是又不可避免带有主观的一面。所谓"仁者见仁、智者见智"。对同一物体的内心反应总是会受到个人经验、人格特征和自我意识等多种因素的影响。如临床上,同样面对一种疾病,有的患者怨天尤人,甚至将内心的不满不恰当地转移发泄到医护人员身上;而更多的患者则正确面对,积极配合医护人员的工作,从而加快康复的速度。人脑在反映客观现实的过程中,还会经过抽象的思维和概括,揭示事物的本质和规律。进行各种发明与创造,不断推进自然科学和人类社会文明向前发展。比如,爱迪生发明的电灯、贝尔发明的电话、哈维提出血液循环理论、琴纳制成牛痘疫苗等,这一切每时每刻都在影响并改变着我们的生活。

综上所述,人类心理活动的实质可以概括为:心理是人脑的功能,人脑是心理的器官;心理是人脑在社会实践中对客观现实的主观的能动性的反映。

第二节　心理学主要学派及理论观点

20 世纪心理科学迅速发展,逐渐形成了百家争鸣、学派林立的局面,这大大促进了心理学这门新兴学科走向成熟,其中影响较大的有精神分析学派、行为主义学派、心理生理学派、人本主义学派等。

一、精神分析学派及理论观点

精神分析学派又称心理动力学派,由 19 世纪末奥地利医生弗洛伊德所创立。弗洛伊德将人的心理活动分三层:意识、前意识和潜意识。意识是指人们当前注意到的,由外界刺激引起的,符合社会规范和道德标准的并通过表达的心理活动。前意识是指人们当前并未注意到,需经他人提醒或经自己集中注意,并努力回忆才能进入意识领域的心理活动。它是意识和潜意识之间的过渡领域。潜意识又称无意识,是指由本能冲动引起的和被压抑的愿望,是不能为人意识到,也不能说出的心理活动。人经常产生不为社会道德、理智所允许的欲望,并将它压抑到最深层的潜意识中去。弗洛伊德认为正常人的心理活动,大部分是在潜意识中进行,因其不能进入意识领域,所以常得不到满足。他认为童年时压抑在潜意识中的心理冲突,是引起各种心理障碍和心身疾病的根源。

 知识链接

弗 洛 伊 德

弗洛伊德对精神分析的兴趣是在 1884 年与布洛伊尔合作期间产生的,当时他们合作治疗一名癔症患者。弗洛伊德先从布洛伊尔那里学了宣泄疗法，后又师从沙可学习催眠术，继而他提出了自由联想疗法，1897年创立了自我分析法。他一生中对心理学的最重大贡献是对人类无意识过程的揭示，提出了人格结构理论、人类的性本能理论以及心理防御机制理论。

二、行为主义学派及理论观点

20世纪初以美国的心理学家华生为代表，创立了行为学派。该学派认为：人的一切行为、习惯、生活方式都是通过学习得来的。学习有三种类型：①巴甫洛夫的经典条件反射：指由条件刺激物与非条件刺激物在时间上的结合（强化），并经训练而获得的反射。②斯金纳的操作条件反射：指由操作式动作与强化物相结合，如与食物奖励、认知因素、欲望、动机、情感奖励，或与惩罚性强化物相结合而产生的反射。③班杜拉的社会观察学习：指通过注意观察模特的行为，再通过个人认识、记忆、模仿行动而习得的条件反射。同时各种心理障碍和心身疾病的产生，都是通过错误的学习而获得的。因此，治疗的原则也是通过负强化而使已建立的错误反射消失（消退）。

三、心理生理学派及理论观点

20世纪30年代以生理学家坎农、塞里为代表，提出了心理因素对健康及疾病的影响，必须通过生理活动作为中介机制，即：心理社会刺激都是首先引起个体情绪的变化而对机体生理功能，特别是受自主神经控制的内脏活动、内分泌和免疫系统产生影响，从而对人体各系统、各器官的正常生理活动及健康发生影响。如愤怒、抑郁、持续（高）焦虑等负性情绪，或不良认知、不健全人格都会导致人体多系统生理功能失衡、紊乱，产生躯体症状，甚至导致心身疾病的发生。

四、人本主义学派及理论观点

20世纪40年代，以美国心理学家马斯洛、罗杰斯为代表的人本主义学派发展起来，形成了一种新的理论观点：人性是善的，有强烈的自我实现愿望，本质都是要发挥自己的潜能（友爱、自尊、自由、平等、创造、追求真善美和公正的价值），实现自己的理想，并不断追求新的更高目标，永远不会满足。当环境阻碍自我实现，便会产生各种心理障碍和心身疾病。

20世纪60年代，贝克、艾里斯又提出了认知理论：它是在信息论、控制论、计算机科学发展的影响下产生的。基本特点之一是致力于研究人类大脑的信息加工过程，以信息的获得、储存、加工、提取来分析和解释人的心理活动。

随着医学科学的发展和人们认识能力的提高,心理学在医学领域的应用越来越广泛,其理论也在不断完善。尤其是近 20 年来,有了更快的发展,心理学的理论及技术已广泛应用于预防保健、医疗诊断及治疗过程中,取得了巨大的成就。

 知识链接

百花争艳的心理学学派

1879 年以来,整个心理学界出现了过去从未有过的热烈的学术研讨的繁荣局面。而贯穿心理学百年史的主干线,就是十大学派形成发展的历史。这十大学派是:内容心理学派、意动心理学派、构造主义心理学派、机能主义心理学派、行为主义心理学派、格式塔心理学派、精神分析心理学派、日内瓦学派、人本主义心理学派和认知心理学派。当代心理学基本理论的主体,也主要是博采十大学派学说之长处,汲取它们合理的、有价值的部分而形成的。如今我们学习的任何一本心理学教材,其内容实际上都是对十大学派的精华部分进行汇集的结果,是十大学派学说的主要结晶,其中的主体理论、概念和规则几乎都可以溯源到十大学派。

第三节　学习心理学的意义及研究方法

学习心理学,不仅能够全面了解人的心理现象发生发展的规律,提高心理素质和健康水平,而且对医疗实践更有其现实意义。

一、学习心理学的意义

(一) 树立整体医学观

现代医学模式已由"生物医学模式"向"生物–心理–社会医学模式"转变,强调从整体上认识和掌握人类的健康和疾病问题,主张把人看作是自然机体与社会实体相统一的存在物,是物质运动与精神活动相结合的统一体。人不仅是一个单纯的生物有机体,而且也是一个有思想、有感情、从事着劳动、过着社会生活的社会成员。人的身体和心理的健康与疾病,不仅与自身的躯体因素有关,也与人的心理活动和社会因素有密切联系。因此,学习心理学能够帮助医务工作者在实践中运用心理学的理论与方法探索心理社会因素对健康与疾病的作用方式、途径与机制,能够更全面地阐明人类躯体疾病与心理疾病的本质,协助医学揭示人类维护健康、战胜疾病的规律,寻找与丰富人类疾病的诊断、治疗、护理与预防的更全面、更有效的方法,提高医疗水平,促进人的身心健康。

（二）满足临床工作的需要

临床实践和心理学研究证明，有害的物质因素能够引起人的躯体疾病与心理疾病，消极的心理因素也能引起人的心身疾病，而良好的心理因素与积极的心理状态能够促进人的身心健康或作为心身疾病的治疗手段。

当前随着临床疾病谱的改变，疾病构成比和死亡原因与 19 世纪以前相比，发生了根本的变化，疾病的发病重点已从传染病转移到心脑血管、恶性肿瘤等这些与心理、社会因素密切相关的疾病上，心理性疾病发病率也在逐渐上升，如高血压、冠心病、恶性肿瘤、抑郁症等。掌握心理学知识与方法，在医疗过程中自觉遵循心理行为的科学规律，采用更好的措施与方法，提高诊疗水平，为患者提供优质服务。

（三）有利于改善医患关系

随着现代人生活水平、知识水平及维权意识的提高，人们对医疗水平及医疗环境要求标准越来越高，因此医患关系已成为现代医疗的核心问题。医务工作者通过学习心理学，会更全面深刻地认识疾病，了解患者心理，明确心身关系，做出准确诊断，从而采取有针对性的措施，开展心理咨询和心理治疗，改善患者心理状态，矫正其不良行为。如帮助患者调整动机水平，改善或消除抑郁等，处理好医患关系，与患者达成共识，相互信任、相互谅解，才能使患者积极配合和参与疾病的治疗、护理全过程，利于疾病的康复。

（四）学会应对困境的方法

在当代社会，激烈的竞争使心理问题日益成为阻碍人们健康的突出问题。在日常生活中，难免会有一些个人需要面对的人生难题，如心理冲突、人生挫折以及各种困境。医学生不仅应该自己学会如何应对和处理这些问题，而且还应该指导患者和身边的人了解应对这些困境的方法，以帮助人们提高生活质量，促进健康，预防疾病的发生、发展。

二、研究心理学的方法

（一）观察法

观察法指研究者直接观察、记录个体或团体的行为活动，从而分析研究两个或多个变量间存在什么关系的一种研究方法。

观察法是科学研究史上最原始、应用最广泛的一种方法，从事任何研究几乎都离不开观察法。根据是否预先设置情境，观察法可分以下两种：

1. 自然观察法　即在自然情景中对研究对象的行为直接观察、记录，而后分析解释，从而获得行为变化的规律。

2. 控制观察法　即在预先设置的情境中进行观察。

医学心理学研究较多采用的现场观察法，既可以是二者之一，也可以是二者的融合。如对重症监护病房的患者的心理行为观察，观察患者对病室的心理反应，接近于控制观察法；而观察患者对医护人员随时走动或发出声响的反应，则接近于自然观察法。

观察法虽非严密的科学研究方法,但经观察所见问题,常常是采用其他方法进行深层研究的先导,故观察法有其重要的应用价值。观察法使用方便,可随时获得被试不愿或不能报告的行为结果,资料的可靠性较强,结果有较大现实意义。有时无须人为地对被试施加任何外部影响,就可掌握许多生动活泼的实际资料。观察法的缺点是观察的质量很大程度上依赖于观察者的能力。而且,观察活动本身也可能影响被观察者的行为表现,使观察结果失真。因此,使用观察法时必须考虑如何避免观察者主观因素所导致的误差。

(二) 调查法

调查法指通过晤谈、访问、座谈、问卷等方式获得资料并加以分析的研究方法。

1. 晤谈法或访问法 通过与被试晤谈,了解其心理活动,同时观察其晤谈时的行为反应,以其非语言信息补充、验证所获得的语言信息,经记录、分析得到研究结果。晤谈法通常采用一对一的访谈方式,其效果取决于研究者的晤谈技巧。这种方法既可用于患者,也可用于健康人群,是开展心理评估、心理咨询、心理治疗及其相关研究中最常用方法之一。

2. 座谈法 则是一种以少数研究者同时面对多个被试的访谈形式。相对于晤谈,座谈范围较大,便于一次获得较多同类资料或信息,满足分析、研究的需要。

3. 问卷法 指采用事先设计的调查问卷,当场或通过函件交由被试填写,然后对回收的问卷分门别类地分析研究。适用于短时间内书面收集大范围人群的相关资料,如了解某特殊人群(老人、学生)的身心健康水平、调查住院患者的需要等,均可采取此法。问卷法的研究质量取决于研究者的思路(研究的目的、内容、要求等)、问卷设计的技巧及被试的合作程度等。如问卷所设计的提问能否反映研究者的研究重心、指导语能否让被试一目了然、设问策略得当与否、结果是否便于统计分析等,又如开放式问卷的题量适中与否、能否引起被试的回答兴趣等,封闭式问卷有否一致的答卷标准、分级适当与否等。

问卷法简便易行,信息容量大,但其结果的真实性、可靠性由于受各种因素影响因而程度也会不同。所以必须以科学态度分析、报告问卷法所获研究结果,更好地体现问卷法对其他研究方法的辅助及参考价值。

(三) 测验法

测验法也称心理测验法,是研究者通过专门的测量工具,按规定的程序对个体或团体的某种心理品质、行为特征进行测量,从而做出个体或团体某方面心理发展水平或特点的评定与诊断的一种方法。测验法需采用标准化、有良好信度和效度的通用量表,如人格量表、智力量表、行为量表、症状量表等。心理测验的量表种类繁多,必须严格按照心理测试规范实施才能得到正确的结论。心理测试作为一种有效的定量手段在医学心理学工作中使用得很普遍。

(四) 实验法

实验法指在控制的情境下,研究者系统地操纵自变量,使之系统地改变,观察因变量随自变量改变所受到的影响,以探究自变量与因变量的因果关系的一种方法。实验法被公认为是科学方法中最严谨的方法,也唯有实验法能完整体现陈述、解释、预测、控制这4个层次的科学研究目的。但实验研究的质量很大程度上取决于实验设计。例如,由于实验组与对照组的不匹配,受到许多中间变量(特别是心理变量)的干扰,可影响实验结果的可靠性。实验法在心理学研究领域,除实验室实验外,还常用将研究延伸至社会实际生活情境中的实地实验。

实地实验具有更接近真实生活、研究范围更加广泛、结果易于推广等优点,在社会心理学等领域的研究中被广泛采用,也是心理学研究的常用方法。

此外,人为地设计某种模拟真实社会情境的实验场所,间接地探求人们在特定情境下心理活动发生、变化规律的一种研究方法,称为模拟实验。

本章小结

本章简要介绍了心理学、心理现象及心理的实质,心理学对医学影响较大的主要流派及其理论观点,学习心理学的意义及常用的研究方法等内容。旨在让学生对心理学基础这一课程有一个大概的认识,为后面的学习奠定基础。当今医学模式已由"生物医学模式"向"生物-心理-社会医学模式"转变,人们已经意识到心理行为活动通过心身中介机制影响生理功能的完整,同样生理活动也影响个体的心理功能。在研究健康和疾病问题时,应同时注意心、身两方面因素的影响。要科学客观地认识心理社会因素对健康和疾病以及两者之间的相互关系的影响,必须重视和了解心理学的理论方法和技术并加以应用,这样才能更好地解决在临床工作中遇到的问题。

(田仁礼)

目标测试

一、名词解释

1. 心理学

2. 心理过程

二、选择题

1. 一般认为最早的心理学专著者是

  A. 孔子　　　　　B. 荀子　　　　　C. 希波克拉底

  D. 亚里士多德　　E. 孟子

2. 心理科学诞生的时间是

  A. 1796年　　　　B. 1879年　　　　C. 1905年

  D. 1908年　　　　E. 1590年

3. 心理学主要理论学派有
    A. 精神分析学派　　　　B. 行为学派　　　　C. 心理生理学派
    D. 人本主义学派　　　　E. 以上均是
4. 第一所心理实验室的创立者是
    A. 恩格尔　　　　　　　B. 卡特尔　　　　　C. 冯特
    D. 弗洛伊德　　　　　　E. 哈韦
（5~8 题共用备选答案）
    A. 弗洛伊德　　　　　　B. 华生　　　　　　C. 艾里斯
    D. 罗杰斯　　　　　　　E. 坎农
5. 行为主义学派的创始人是
6. 精神分析学派的创始人是
7. 心理生理学派的创始人是
8. 人本主义学派的创始人是

第二章 ｜ 心理过程与人格

02章 数字资源

1. 掌握：感觉、知觉、记忆、思维的概念及特征；人格的概念和健康人格；性格的概念及特征。
2. 熟悉：想象与创造的概念及分类；情绪情感的分类；情绪情感与身心健康的关系；人格的一般特性；需要的概念及马斯洛的需要层次理论；气质的类型及其行为特征。
3. 了解：注意、兴趣、动机、能力的概念及特征；注意的品质；意志品质的培养；自我意识。

第一节　认　知　过　程

认知过程是人对客观世界的认知和察觉，是人脑对客观事物的反映和对感知到的、变化着的信息进行的加工过程，包括感觉、知觉、记忆、思维、想象、注意等心理活动。

一、感　　觉

（一）感觉概述

1. 感觉的概念　感觉是人脑对直接作用于感觉器官的客观事物的个别属性的反映。客观事物具有它的各种属性，当客观事物直接作用于感受器，人体各种感受器能够区别出它的各种属性，从而使大脑产生了对这些事物个别属性的反映。如我们面前放一个苹果，它的颜色、形状、香味、酸甜、冷热，分别作用于人的眼睛、鼻子、舌头、皮肤等感官，可以产生视觉、嗅觉、味觉、触觉等。通过感觉我们不仅可以认识和了解外界事物，而且还可以了解机体的自身状态，如身体的平衡、疼痛、饥饿等。

2. 感觉的种类　根据刺激物的来源不同可以将感觉分为两大类：

（1）外部感觉：接受机体外部的刺激，反映外部事物的个别属性，如视觉、听觉、嗅觉、味觉、触觉等。

（2）内部感觉：接受机体内部刺激，反映身体位置、运动和内脏不同状态的个别属性，如内脏觉、运动觉、平衡觉等。

3. 感觉的意义　感觉是最简单的心理活动，是人对客观世界认识的开始，它为一切认识活动提供了原始材料，也是一切较高级、较复杂的心理现象产生的基础。感觉也是人们正常生存的基础。如果没有刺激，没有感觉，人不仅不能进行正常的认识活动，而且正常的生理功能也将受到破坏。人们根据感觉规律安排生活和工作环境，可以提高生活质量和工作效率。

（二）感觉的特性

1. 感受性与感觉阈限　人的感觉能力的高低被称之为感受性，衡量感受性的指标是感觉阈限。感觉阈限是能否引起感觉的分界线。那些刚刚能引起主观感觉的最小刺激量叫（绝对）感觉阈限，对这种最小刺激量的感觉能力叫（绝对）感受性。感受性和感觉阈限在数量上成反比关系，即感觉阈限越小，感受性越高；反之，感觉阈限越大，感受性越低。

2. 感觉的适应　是指感觉器官在刺激物的持续作用下使感受性发生变化的现象。适应可以使感受性提高，也可以引起感受性降低，这对于人适应环境具有重要的意义。视觉中的暗适应就是视觉感受性提高的表现，而视觉的明适应则是视觉感受性降低的表现。"入芝兰之室，久而不闻其香；入鲍鱼之肆，久而不闻其臭"，说的就是嗅觉的适应现象。

3. 感觉的对比　是指同一感觉器官在不同刺激物作用下，感觉在强度和性质上发生变化的现象。对比可分同时对比和继时对比。同时对比是指两种刺激物同时作用于同一器官，从而使感受性发生变化的现象。例如，在同一张灰纸上剪下两个相同的小圆形，分别放在黑色和白色的背景上，这时我们发现，黑色背景上的灰纸比白色背景上的灰纸要明亮些（图2-1）。继时对比是由于同一感受器接受刺激的先后作用，从而使感受性发生变化的现象。例如，吃完糖后接着吃橙子，会觉得橙子特别酸；喝完苦药以后接着喝白开水，会觉得水是甜的等。

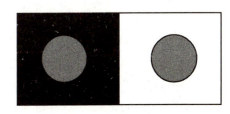

图 2-1　同时对比

4. 联觉　是一种感觉兼有另一种感觉的心理现象。联觉有很多种表现，其中最明显的是色觉产生的联觉。比如，红色、橙色和黄色类似太阳和火焰的颜色，往往使人产生温暖的感觉，因而被称暖色调；蓝色、青色和绿色类似蓝天、大海或森林的颜色，往往使人感到凉爽甚至寒冷，被称为冷色调。在生活中，人们常说"甜蜜的声音""沉重的乐曲"等，都是联觉现象。

5. 感觉的发展与补偿　人刚刚出生就已经具备了一定的感觉功能，但还不够完善。感觉功能更主要的是在后天的生活实践中逐渐成熟和发展起来的。由于人们的生活经历不同,环境影响不同,使得不同个体所表现出来的各种感觉功能有很大差异。比如,优秀的指挥家能分辨交响乐中不同乐器发出的不同声音,儿科护士可以辨别婴儿生理性或者病理性哭泣,染色专家能够区分 40~60 种灰色调。这是因为他们专门从事某种特殊职业,长期使用某种感觉器官,相应的感觉分析器的功能得到提高,相应的感受性也得到较大发展。

有些人由于种种原因造成某种感觉的缺失或缺陷,会通过更好地发展其他健全的感觉来补偿。比如,盲人虽然缺乏视觉感受,但他们的听觉、触觉和嗅觉往往会特别灵敏;聋哑人辨别口型的能力特别强,能够"看懂"别人的话等。

6. 感觉后像　在刺激作用停止后,感觉并不立即消失的现象称为感觉后像。视觉后像表现得最为明显,比如,注视明亮的电脑屏幕 30s,然后再看暗处,仍然可以看到亮着的屏幕的形象,这就是视觉后像。电影、电视片就是利用了人的视觉后像的特性,使一个个间断的画面成为自然的、连续的动态景象。人们常说的"余音绕梁"指的就是听觉后像。

知识链接

人类 5 种基本感觉的感觉阈限的近似值

视觉:晴朗黑夜中 48km 以外的一支烛光。

听觉:安静环境中 20m 以外的手表滴答声。

味觉:9L 水中的一匙白糖。

触觉:从 1cm 距离落到你脸上的一个蜜蜂翅膀。

嗅觉:弥散于 6 个房间中的一滴香水。

二、知 觉

（一）知觉概述

1. 知觉的概念　知觉是人脑对直接作用于感觉器官的客观事物的整体属性的反映。在实际生活中,人们不仅要认识事物的个别属性,而且要认识事物的整体,并且要把它作为一个整体与其他事物区别开来。以苹果为例,我们既可以看到苹果的颜色和形状,同时可以闻到它的气味、尝到它的滋味、感受到它的重量,所以我们的头脑中形成的是一个苹果的整体形象,这个整体形象是它的个别属性相互联系、综合地反映在头脑中产生的,这就是知觉。

2. 知觉的种类　根据人脑认识的事物特性,可以把知觉分为空间知觉、时间知觉和运动知觉三类。

（1）空间知觉:是物体的形状、大小、方位、距离等空间特性在人脑中的反映,是人出生后随着神经系统和脑功能的逐渐成熟在与环境接触过程中形成的。

(2) 时间知觉：是人们对客观事物的延续性和顺序性的反映。时间知觉的主要线索是来源于自然界周期性的变化和人体自身的生理、心理的节律性变化。例如，看到日夜的交替、月亮的盈亏、四季的轮回、节奏的变化，感受到心脏有节奏的跳动、呼吸的快慢等。这些自然的和机体内部的周期现象都是时间的信号，人们可以在不使用任何工具的情况下根据这些周期性的现象来判断时间。

(3) 运动知觉：是人脑对物体的空间位移和移动速度的知觉，如人们乘车、乘船及骑车、行走时的体验等。参与运动知觉的有视觉、平衡觉等，是多种感官协同作用的结果。

（二）知觉的特性

1. 知觉的选择性　客观事物多种多样，在一定时间内，人总是有选择地以少数事物作为知觉对象，把它们从背景中区分出来，从而对它们做出清晰的反映，知觉的这种特性称为知觉的选择性。例如，当我们在车站接人时，会在人群中努力寻找，一旦看到了要接的人，他的形象就显得十分清晰，而周围的人和物体就显得比较模糊不清了。知觉的选择性与知觉对象的特点有关，一般来说，运动的、鲜艳的、刺激性强的、人感兴趣的、需要的、有经验的，这些都会成为影响人们知觉选择性的因素。知觉对象与背景的关系不是一成不变的，在一定条件下或情景变化时，两者之间是可以相互转化的(图 2-2)。

2. 知觉的整体性　知觉的整体性是人们在知觉过程中将客观事物的个别属性进行整合的特性。知觉的对象是由许多部分组成的，各部分具有不同的特征，但是人并不把对象感知为许多个别孤立的部分，而总是把它知觉为一个统一的整体，这就是知觉的整体性(图 2-3)。知觉的整体性使人们对客观事实的反映更趋全面、完善，从而保证活动有效进行。

老妇少女双关图

人头花瓶双关图

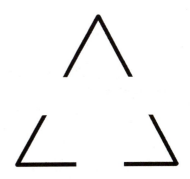

图 2-2　知觉的选择性　　　　　　　　　图 2-3　知觉的整体性

3. 知觉的理解性　人在感知事物时，总是根据以往的知识经验来解释它，使其具有一定的意义，并用词把它标志出来，知觉的这种特性称为知觉的理解性。例如，我们看见飘浮的白云时，会描绘它像绵羊、棉花或某种物品等。其实白云无意，只不过我们把它与我们过去熟悉的事物联系起来了。正是由于知觉具有理解性这一特征，因而可以把知觉到的这一事物和其他事物区分开来,并把事物归入到一定范畴中去。对某一事物有关的知识经验越丰富的人,在知觉这一事物时,知觉的内容越丰富,越深刻,越精确。例如,建筑师对建筑图纸的理解,医生对 X 线片的理解都精准于一般人。

4. 知觉的恒常性　当知觉条件在一定范围内变化时,知觉的映像仍然保持相对不变,称为知觉的恒常性。例如,挂在墙上的钟,当我们从正面看、斜侧面看、正侧面看时,它在视网膜上的映像分别是圆形、椭圆形和长方形,但是我们总是把时钟认知为圆形(图 2-4)。这是我们在知觉事物时,生活中知识和经验参与知觉的结果。

图 2-4　知觉的恒常性

(三) 错觉

错觉是对客观事物不正确的知觉。在特定条件下所产生的对外界事物歪曲的知觉,这种歪曲常有固定倾向,只要条件具备,它就必然产生。错觉现象十分普遍,在各种知觉中都可发生,其中视错觉最为明显。

1. 常见的错觉

(1) 图形错觉:图形错觉主要是视觉方面的错觉,见图 2-5。

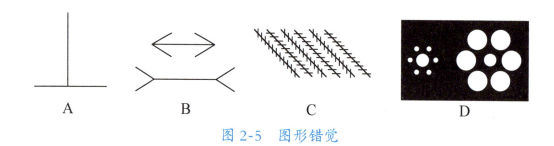

图 2-5　图形错觉

(2) 大小错觉:现实生活中,感觉早晨初升和傍晚将要落下的太阳比中午的太阳大些,这是因为早晚的太阳是与周围的房屋和树木相比较,而中午的太阳是与辽阔的天空相映衬而产生的错觉。

(3) 形重错觉:用手比较 1kg 铁和 1kg 棉花的重量,会觉得铁比棉花重得多,这是因视觉之“形”影响了肌肉感之“重”,产生了错觉。

此外,还有方位、运动、时间、声音、触错觉等。

2. 错觉产生的原因及意义　产生错觉的原因相当复杂,正常情况下大多由于感知条件不好,如光线差、视听觉功能减退、客观刺激不清晰、过度疲劳和紧张等。比如,正常人走夜路如感恐惧,会将自己的脚步声误认为被人跟着;思念亲人回家,会将其他声音误认为敲门声。在正常情况下,人通过实践可将错觉矫正,同时也可在正常生活中利用错觉产生某种积极效应,如军事上的伪装、化装艺术、室内装饰以及穿深色和竖条服装显得苗条等。

（四）痛觉

痛觉是个体对现实刺激和已存储的经验相互作用而产生的主观感受和体验。痛觉不仅包含感觉成分，还包含有情感成分，并伴有自主神经活动改变和运动反应。如个体感受疼痛时常伴有紧张、焦虑、抑郁甚至恐惧等情绪变化，同时还有血压、心率、呼吸、汗腺等自主神经功能的改变，出现畏缩、逃避等运动反应。因此，疼痛与简单的感觉不同，它需要更高层次脑部位的参与，属于知觉范畴。

疼痛是临床最常见的症状之一，几乎每个人都曾有过疼痛的体验。

1. 疼痛的意义

（1）生物学意义：疼痛是机体组织受到伤害的一种信号，它可提醒人们采取一系列保护性措施，因而是一种有益的警告，具有重要的生物学意义。

（2）心理学意义：在日常生活中，由于疼痛能促使人们去寻求医生的帮助或取得别人的同情和理解，所以疼痛被看作是一种求助的信号，而具有重要的心理学意义。如果不理解这一点，只把疼痛看成与组织损伤有关，就不能理解心理因素引起的各种疼痛而贻误诊治时机。

2. 影响疼痛的心理社会因素　众所周知，因组织器官损伤或病变可以产生器质性疼痛，暂时性缺血或肌肉强烈收缩可引起功能性疼痛，但心理学家和医学研究者都认识到，疼痛并不完全是躯体问题，而是具有很大心理成分。心理活动可以夸大或降低疼痛的强度和改变耐受性。此外，安慰剂常常能解除或减轻疼痛的事实都证明疼痛存在着心理成分。影响痛觉的心理因素主要有早期经验，对情境的认知评价，注意力程度，暗示作用，情绪状态和人格特征等。

对疼痛的治疗，除用药物、针灸、按摩等手段外，还可以采用心理治疗，如情绪稳定、意志控制、注意转移、自我暗示等。

三、记　　忆

（一）记忆概述

1. 记忆的概念　记忆是过去经验在人脑中的反映。在生活过程中，人们对感知过的事物、思考过的问题、体验过的情绪情感、从事过的活动，都会不同程度地被保留在头脑中，在一定条件下能够恢复，这就是记忆。从信息加工的观点来看记忆就是对输入信息进行编码、储存和提取的过程。记忆是人们学习、工作和生活的基本能力。如果没有记忆，人类的生活将是难以想象的。

2. 记忆的分类　记忆涉及人的一切活动，所以记忆表现的形式也是多种多样的。

（1）根据记忆的内容分为形象记忆、逻辑记忆、情绪记忆和运动记忆。

1）形象记忆：以感知过的事物形象为内容的记忆，叫形象记忆。这种记忆所保持的是事物的具体形象。如对生活中见过的人、物品、自然景象等形象的记忆，以及对声音、味道和气味等的记忆。

2) 逻辑记忆：以词的形式、概念、判断、推理等逻辑思维过程为内容的记忆，也可以说是以事物内在规律性为线索的记忆。如人们对某种概念、公式、定理、规律、法则的记忆就是逻辑记忆。

3) 情绪记忆：以体验过的某种情绪、情感为内容的记忆，具有鲜明、生动、深刻和情境性等特点。如对儿时上台领奖时激动心情的重温；面红耳赤地回忆曾经难为情的行为等。

4) 运动记忆：以实际行动、动作、技巧为内容的记忆，其特点是容易保持和恢复。如游泳、体操、骑自行车等，体育运动和某些劳动技巧的熟练掌握都是以运动记忆为基础的。

(2) 根据记忆保持时间的长短不同分为瞬时记忆、短时记忆和长时记忆(图2-6)。

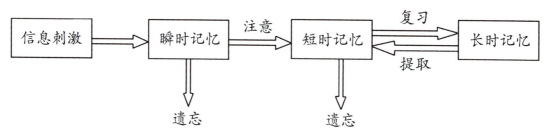

图 2-6　瞬时记忆、短时记忆和长时记忆

1) 瞬时记忆：又称感觉记忆或感觉登记，指在刺激停止后，感觉信息有一个极短时间的保留，是记忆的开始阶段。其特点是：信息保持时间短，为 0.25~2s；形象鲜明，信息储存量大，但容易消失；感觉到的信息，如果引起注意、强化后则会进入短时记忆，否则就会被遗忘。

2) 短时记忆：又称工作记忆，是保持时间不超过 1min 的记忆。其特点是：信息存储容量有限，一般为 7 ± 2 个单位，信息经过反复强化可进入长时记忆。例如，人们拨打一个从电话号码本上查到的电话，当拨完号码后，如果不再复述该号码，就会将这个号码忘记，如果多重复几遍，就会将其记住。

3) 长时记忆：是指保持时间在 1min 以上，甚至终生的记忆。它的信息来源是对短时记忆内容的加工复述。其特点是：信息保持时间长，信息存储量很大，主要根据意义进行编码。长时记忆中存储着我们过去的所有经验和知识，为所有心理活动提供了必要的知识基础。

(二) 记忆的基本过程

记忆是一个复杂的心理过程，包括识记、保持、再认和回忆三个基本环节。从信息论的观点来看，记忆就是对输入信息的编码、储存和提取过程。

1. 识记　是把所需的信息输入头脑的过程，就是识别和记住事物的信息。它是记忆的初始环节，要提高记忆的效果，首先必须有良好的识记。识记可有不同的分类：

(1) 根据识记的目的，可分为有意识记和无意识记。

1）有意识记：指有明确目的、并运用一定方法，需要一定的意志努力的识记。如人们看书、听课、查找资料等都是有意识记。这种识记方法使得人的记忆内容和信息更加全面、更完整、更系统、更实用。

2）无意识记：指没有明确目的、不需要意志努力的识记。如日常生活中一件不经意的事情、某种愉快或痛苦的经历等，都可以被自然而然地记住。无意识记不需要意志努力，精力消耗少，但它缺乏目的性，不能获得系统的科学知识。心理学的实验证明，有意识记的效果优于无意识记。

（2）根据识记材料的性质以及对材料的理解程度，可将识记分为机械识记和意义识记。

1）机械识记：是根据事物的外部联系，主要依靠机械地重复进行的识记。识记材料无内在的联系，或学习者不理解材料的意义往往采用机械识记。例如，识记电话号码、历史年代等必须依靠机械识记。

2）意义识记：是在对材料理解的基础上，根据材料的内在联系进行的识记。实验证明，在识记的速度、全面性、精准性和巩固性等方面，意义识记都比机械识记效果好。

2. 保持　是将识记过的事物进行加工、巩固和保存的过程。保持是记忆的中心环节，也是实现再认和回忆的重要保证。能否保持以及保持时间的长短，是记忆力强弱和记忆品质优劣的重要标志。经验在头脑中的保持是一个动态的过程，并不像保险柜里保存的文件一样原封不动，而会发生一些变化。识记过的内容在保持中发生变化的原因，主要是由于受主体原有知识经验、兴趣爱好、情绪状态、任务要求和创造性等主观因素的影响。

3. 再认和回忆　是指人从头脑中提取信息的过程。

（1）再认：是指识记过的事物再度出现时，能把它识别出来。

（2）回忆：指经历过的事物不在眼前，在一定条件下能把它重新再现出来。回忆是信息提取的高级形式，能回忆的就能再认，能再认的不一定能回忆。如考试时，选择题和判断题主要是通过再认作答，名词解释、填空题和问答题主要是通过回忆解答。

（三）遗忘与遗忘规律

1. 遗忘的概念　遗忘是指识记过的材料在一定条件下，不能再认和回忆，或者错误地再认和回忆。遗忘是一种生理现象，它虽然给人们带来不少烦恼，但是现代心理学认为，遗忘并不全是坏事，它对人的精神健康和生活愉快是有一定积极意义的。

2. 遗忘的类型　分为暂时性遗忘和永久性遗忘。识记过的内容不经复习，永远不能回忆或再认的，称永久性遗忘；若遗忘表现为一时不能回忆或再认，但在适当的条件下，识记内容可以回忆起来或再认出来的，称暂时性遗忘。

3. 遗忘曲线及其规律　德国心理学家艾宾浩斯早在 1885 年就对遗忘现象做了系统研究。研究结果表明：遗忘的发展进程是不均衡的。在识记后的最初阶段遗忘速度最快，之后会逐渐缓慢，稳定在一个水平上，几乎不再有更多遗忘。从而发现遗忘发展先快后慢的规律。证明这一规律的曲线被称为"艾宾浩斯遗忘曲线"（图 2-7）。

（四）记忆力的培养

1. 学习者个人因素对遗忘的影响　学习者的学习动机、对记忆材料的兴趣、情绪状态、生理状态以及意志品质等都与遗忘有着密切联系。比如，建立良好的学习动机，培养学习兴趣，学会调整紧张或不稳定的情绪，经常进行体育运动并保持身体健康等，这些都对提高记忆效果大有益处。

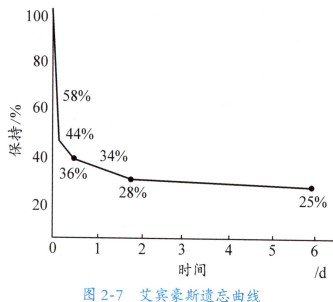

图 2-7　艾宾豪斯遗忘曲线

2. 减少干扰和抑制　实验证明，较长的记忆材料，首尾部分遗忘较少，而中间部分遗忘较多。遗忘较多的原因是中间部分受前摄抑制和倒摄抑制双重干扰。前摄抑制是指先学习的材料对记忆后学习材料所产生的干扰作用；倒摄抑制是指后学习的材料对记忆前学习的材料所产生的干扰作用。这两种抑制对记忆效果有重要影响。因此，应该把内容差别较大的科目穿插安排进行学习。比如，学习语文后，最好接着学数学，而不要紧接着就学历史；晚上临睡前的记忆和早上刚睡醒时的记忆效果会比其他时间要好些。

3. 运用有效的学习方法

（1）及时复习：由于遗忘的进程是先快后慢，因此复习必须及时。这样的复习可以防止在学习后立即发生的快速遗忘。

（2）反复阅读和试图回忆相结合：实验证明，如果学习者在材料还没有完全记住前就积极地试图回忆，回忆不起来再阅读，这样就容易记住，保持时间长，错误也少。

（3）复习方法多样化：在复习过程中，多种感官参与，使复习过程成为看、听、说、写、做相结合的有趣活动。这样相同的信息通过多种感觉通道进入大脑皮质，建立广泛的神经联系，从而加深识记效果，也避免由于单调机械地重复造成的枯燥乏味。

（4）合理分配复习时间：连续地、无时间间隔地进行复习称为集中复习；多次复习之间有一定时间间隔的复习称为分散复习。实验证明，分散复习的效果优于集中复习。

四、思　　维

（一）思维概述

1. 思维的概念　思维是人脑对客观事物间接的、概括的反映。思维和感知觉、记忆一样都是人脑对客观现实的反映，但它是通过间接的、概括的方式，反映的是事物的本质属性、内在联系和发展规律，是认识过程的高级阶段。

2. 思维的特征　间接性和概括性是思维的基本特征。

(1) 间接性: 指人脑对客观事物的反映不是直接的,而是人们借助于其他事物或已有的经验为媒介来认识那些没有被直接感知或不可能被直接感知的事物。如医生通过"望、闻、问、切",结合各种医疗器械的检查,测得与疾病有关的各种数据,为患者诊断病情,这就是思维的间接性的表现。

(2) 概括性: 指在大量感性材料的基础上,把一类事物的共同的、本质的特征和事物的内在联系和规律抽取出来加以概括。它表现在两个方面:一是对一类事物共同的本质特征的反映。例如,我们把日常用来照明的工具统称为"灯"。二是对事物内在的联系和规律的反映。例如,在医学上,红、肿、热、痛是炎症的典型表现,这是医学界多年临床经验的总结。概括性使人们的认识活动摆脱了具体事物的局限性和对事物的直接依赖关系,扩大了认识范围,增加了认识深度。

(二) 思维的分类

1. 根据任务的性质和解决问题的方式,可分为直观动作思维、具体形象思维和抽象逻辑思维。

(1) 直观动作思维: 是一种依据实际动作解决问题的思维过程,它具有明显的外显性特征,通常是以直观的、具体形式的实际行动表现出来。未掌握语言的婴儿,基本上以直观动作思维去认识和解决问题。

(2) 具体形象思维: 是指凭借事物的具体形象和表象的联想来进行的思维。成人在理解抽象概念、解决复杂问题时,往往需要具体形象思维的帮助,艺术家进行创作时更依赖这种思维。

(3) 抽象逻辑思维: 是运用概念,以判断、推理等形式进行的思维。它是人类特有的复杂思维形式,是对事物本质属性、内在联系的反映。对事物发展规律的认识,都要通过抽象思维。

儿童思维的发展,一般都经历直观动作思维、具体形象思维和抽象逻辑思维三个阶段。成人在解决问题时,这三种思维往往是相互联系,相互补充,共同参与思维活动,如进行科学实验时,既需要高度的科学概括,又需要展开丰富的想象,同时还需要在动手操作中探索问题症结所在。

2. 根据探索答案的方向,可分为聚合思维和发散思维。

(1) 聚合思维(也叫辐合思维): 把问题提供的各种信息聚合起来,得出一个确定的或最佳答案。例如,医生在给患者看病时,根据患者的各种症状、体征以及检查的结果等,对患者的疾病作出正确的诊断,这就是一种聚合思维。

(2) 发散思维(也叫辐射思维): 根据已有的信息,从不同角度、不同方向思考,寻求多样性答案的一种展开性思维方式。例如,一题多解,在思维过程中需要重新组织现有的信息及记忆中已有的信息,产生多个可能的答案。

聚合思维与发散思维都是智力活动不可缺少的思维,都带有创造的成分,而发散思维最能代表创造性的特征。

3. 根据思维的主动性和独创性,可分为常规思维和创造性思维。

(1) 常规思维:指人们运用已获得的知识经验,按惯常的方式解决问题的思维。例如,学生按例题的思路去解决练习题和作业题,学生利用学过的公式解决同一类型的问题等。

(2) 创造性思维:指以新异、独创的方式解决问题的思维。例如技术革新、科学的发明创造、教学改革等所用到的思维都是创造性思维等。

(三)解决问题的思维过程

1. 提出问题　解决问题必须首先发现问题,提出问题。矛盾是普遍存在的,在社会实践、生产实践和科学实验中存在各种各样的问题。在生活中要学会观察事物,发现问题。提出问题依赖许多条件,如个人思维活动的积极性、个人对活动的态度、兴趣爱好和知识经验等。

2. 分析问题　是发现问题之后,找出问题的核心与关键,抓住主要矛盾的过程。分析问题最基本的条件是全面系统地掌握感性材料,并在此基础上把问题分解为局部,使矛盾充分暴露,再通过分析、比较,找出主要矛盾。

3. 提出假设　是提出解决问题的方案、策略,确定解决问题的原则、方法和途径的过程。这个阶段是解决问题的关键阶段。

4. 检验假设　解决问题的最后步骤是检验假设。检验假设的正确性要经过科学实验或社会实践来证明。如果在实验或实践中获得了成功,问题得到了解决,就证明假设是正确的。

以上四个阶段不是孤立存在的,而是相互联系交错进行的,特别是解决复杂的问题时,常常需要把难题进行分解,逐个解决。在验证假设的过程中,如果问题不能顺利解决,还要重新分析问题,提出新的假设,并重新验证。

(四)影响解决问题的心理因素

1. 定势　定势是由先前的活动而造成的一种对活动的特殊的心理准备状态。在环境相对不变的条件下,定势使人能够应用自己掌握的方法迅速地理解问题,而在情境发生了变化时,它则会妨碍人采用新的方法解决问题。因此,定势对问题有积极的作用,也有消极的影响。例如,医生在给患者看病时,在诊断相同疾病时,以前积累的经验,会给医生带来积极的帮助;但是患者症状相似,而疾病不同时,以前经验的定势就有可能造成消极的影响。

2. 功能固着　人们习惯于看到某一物品的常用功能和用途,而难于看到此物品的其他功能和用途的现象就是功能固着。功能固着是一种特殊类型的定势。在解决问题时它往往影响灵活性和变通能力的发挥,对创造性地解决问题是一个很大的障碍。如盒子是装东西的,笔是写字的。人能否改变事物的固有功能以适应新的问题情境的需要,成为问题解决的关键。

3. 动机　动机是解决问题的内部动力。解决问题的效果与动机强度的关系不是直线关系，而是倒 U 形曲线关系。没有解决问题的动机或动机太弱，不利于问题的解决。但是解决问题的动机过强，处在高度紧张焦虑状态，也影响问题的解决。中等强度的动机水平，解决问题的效果最佳。

4. 迁移　指已获得的知识经验和技能对学习新知识、新技能和解决新问题所产生的影响。一种知识、技能的掌握，促进另一种知识、技能的掌握是正迁移；反之，则是负迁移。一般来说，已有的知识越广泛，操作技能越灵活，越容易迁移，所谓"举一反三""触类旁通"就是这个道理。

5. 策略　解决问题可以有多种方法，采用什么样的策略解决问题是影响问题解决效率的重要心理因素。例如，1+2+3+……+98+99+100=? 逐一相加最终可以得到答案，但如果按数列公式：首项加末项乘以项数除以 2，就简单得多了。思维的有效策略和良好方法主要是通过社会实践培养锻炼，而平时的思维训练对个体发展思维能力也会有帮助（图 2-8）。

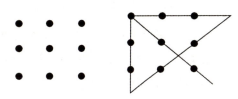

图 2-8　思维训练

另外，个性因素对解决问题也有重要影响，其性格特征、自信心、灵活性、创新精神和毅力等心理因素都会影响问题的解决。实验研究表明：一个善于解决问题的人具有自信心、灵活性、创造性等心理特性；勤奋、乐观、自信、坚定、有献身精神、勇于探索的人，能够克服困难，去解决许多疑难问题。

五、想象与创造

（一）想象

1. 想象的概念　是人脑对已有的表象进行加工改造而形成新形象的过程。表象是指感知过的事物不在眼前时在头脑中再现出来的形象。想象是在表象的基础上形成的。在人头脑中的想象，不仅可以是过去感知过的事物的记忆表象，而且还能够在原有形象记忆的基础上，创造出新形象，这种新形象可以是没有直接感知过的，也可以是世界上还不存在或不可能存在的事物的形象。例如，《西游记》中孙悟空、猪八戒的形象，以及一些科幻片中各种角色的形象等，都是人脑对已有表象重新组合而创造出来的。

2. 想象的分类　根据产生想象时有无目的、意图，可分为无意想象和有意想象。

（1）无意想象：是指没有预定目的，不自觉的想象。例如，学生上课时"走神儿"就是一种无意想象。无意想象是最简单、最初级的想象。梦是无意想象的极端情况，做梦是一种无目的、不由自主的奇异想象，做梦是人脑的正常功能。

（2）有意想象：是根据一定的目的、自觉地进行的想象。人们在多数情况下进行的想象活动都是有意想象。

根据内容的新颖性、创造性的不同,将有意想象分为再造想象和创造想象两种。

1) 再造想象:根据词语描述或图形描绘,在头脑中形成新形象的过程。例如,我们阅读小说《红楼梦》中关于林黛玉的文字描述,能想象出林黛玉的形象;能通过解剖挂图想象实体的形态结构等都是再造想象。

2) 创造想象:不依据现成的描述而在头脑中独立地创造出新形象的过程。创造想象是一个人创造性地对平常性的材料进行不平常的综合,具有首创性、独特性和新颖性的特点。例如,作家与艺术家的构思与创作,工程师的蓝图设计,科学家的发现、发明等活动,都包含有创造想象的成分。

幻想是创造想象的一种特殊形式。它是与人的生活愿望相联系并指向未来的想象。可分积极和消极两种,如果是以现实为依据,并指向行动,经过努力最终可以实现的,那么它就变成理想。理想是在正确的世界观指导下产生的、符合客观规律并可能实现的一种积极的幻想。如果某种幻想完全脱离现实,毫无实现的可能,就会陷入空想,这是一种消极的幻想,空想是有害的幻想。

(二) 创造

1. 创造的概念　创造是提供新颖的、首创的、具有社会意义的产物的活动。例如,新理论的提出,新机器的发明,文学艺术作品的创作等。

创造是一种探索未知的劳动,仅仅靠前人的经验和现成的答案是不行的。任何创造都需要付出巨大的脑力和体力劳动。创造过程包括知、情、意各种心理过程在最高水平上的综合活动,特别是进行创造性思维和创造性想象,它们与解决一般问题时的思维活动和想象力不是在同一水平上。

2. 创造力　一般认为创造力是产生新思想、新发现和创造新事物的能力。它是成功地完成某种创造性活动所必需的心理品质。美国心理学家吉尔福特(Guilford)认为,由发散思维所显现于外的创造性行为,可以代表一个人的创造力。这种行为表现主要有三个特点。

(1) 变通性:是创造力的一种特性,是创造力在行为上的一种表现。具有变通性的人较少受定势、功能固着等心理作用所桎梏,构思不俗、想象丰富。

(2) 独特性:是对事物表现出独特的新颖的见解。有学者为儿童设计如下的问题:"说出你想到的圆形的东西",如答案是水滴、鼠洞、救生圈、肥皂泡等的独特性比回答杯子、盘子、皮球等更高。

(3) 流畅性:表现为心智活动较流畅,很少阻滞,能在较短时间内提出较多的见解。思维流畅性的测试多是在规定时间内,测试同样刺激下所产生的不同反应数量的多少。凡在一定时间内表达出较多的想法和观念,或对问题的思维反应又快又多,就是流畅性好。

六、注　　意

(一) 注意的概念

注意是心理活动对一定对象的指向和集中。注意是伴随着感知觉、记忆、思维、想象等心理过程的一种共同的心理特性。注意具有指向性和集中性的特点。指向性是指心理活动有选择地反映某个对象,同时离开其他对象。集中性是指在选择对象的同时,将心理活动稳定地维持在所选择的对象上,使被反映的对象更清晰和更完善。当人们的注意集中于某一事物或活动时,经常会出现对无关的事物"视而不见""听而不闻""食而不知其味"等现象。

注意不是一种独立的心理过程,而是一切心理活动的共同特性,它伴随着心理活动过程的始终。任何心理活动的开始,必须以注意为起点,心理活动要有效地进行,一刻也离不开注意的参与。所以,注意是一切心理活动顺利进行的必备条件。

(二) 注意的分类

根据注意时有无目的性和意志努力的程度,可把注意分为无意注意、有意注意和有意后注意。

1. 无意注意　指事先没有预定目的,也无意志努力的注意。无意注意往往是在周围环境发生变化时由刺激物的直接作用而产生的。例如,上课时,突然有人推门而入,大家会不由自主地把视线都朝着他;嘈杂的大街上突然有人大声喊叫或狂奔,会引起路人的注目等,这些客观刺激的出现和变化使我们不由自主地去注意它,这就是无意注意。

2. 有意注意　指有预定目的,又需要作出意志努力的注意。有意注意是一种主动地服从于一定活动任务的注意,它受意识的自觉调节和支配。例如,学生听课、科学家做实验、医生做手术等所保持的注意就是有意注意。长时间的有意注意会使人感到疲劳,而使注意力分散。

3. 有意后注意　指有预定目的,但不需要意志努力的注意。有意后注意是有意注意在一定条件下转化而来的。例如,初学织毛衣的人们,最初由于生疏需要保持有意注意,但经过一段时间后,技术高度熟练,可以边看电视边织毛衣,这时有意注意就转化为有意后注意。有意后注意是一种高级类型的注意,具有高度的稳定性,对完成长期任务有积极的意义。

(三) 注意的品质

1. 注意的广度　又叫注意的范围,是指在一瞬间人能清晰把握的对象的数量。能够清晰地注意到或知觉到的对象的数量多,就是注意广度大,反之则注意广度小。

实践证明,物体越集中或者排列越有序,注意的广度就扩大;杂乱无章的物体则使广度缩小。对不熟悉的事物,注意广度就缩小,而对熟悉的事物,注意广度就越大。例如,有些人看中文小说可以一目十行,但是看外文小说时注意的范围就小多了。

2. 注意的稳定性　又叫注意的持久性,是指在较长时间内,把注意保持在某一对象或某一活动上的能力。例如,医生连续数小时全神贯注地做手术,学生聚精会神地听课等都是注意稳定性的表现。而实际上,人的注意是很难长时间保持固定不变的,在注意的稳定性中经常包含着注意的起伏现象。注视图2-9,会觉得中间的方框时而凸出,像个方形漏斗;时而凹进,像个空荡荡的房间。这种注意强弱程度的周期性变化就叫注意的起伏。

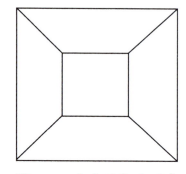

图 2-9　注意的起伏现象

3. 注意的分配　是指在同一时间内进行两种或两种以上活动的能力。例如,护士在给患者进行疾病护理时,既要进行操作,又要观察患者的表现等。注意的分配能力是在生活实践中培养起来的,随着人们知识经验的不断丰富和某些技术的不断完善、熟练,注意的分配能力也会有所提高。

4. 注意的转移　指有目的地根据需要主动地把注意从一个对象或活动转移到另一个对象或活动上。比如,门诊医生在给一个患者诊治结束后,要将注意力转移到下一个患者身上。注意的转移不同于注意的分散或者分心。前者是有意识地根据任务的需要把注意从一个对象转移到另一个对象上;后者是在需要注意稳定时,受到无关刺激的干扰,注意中心离开了需要注意的对象,如有的学生上课走神儿,这是注意的一种转移。

第二节　情绪情感过程

案例

"恋爱的吊桥理论"——加拿大心理学家达顿等人分别在两座桥上对18~35岁的男性进行问卷调查。一座桥是高悬于山谷之上的吊桥,距离下面的河面有几十米高,左摇右晃,非常危险;而另一座桥是架在小溪上的坚固木桥,高度也很低。心理学家先让一位漂亮的女士站在桥中间,准备对男士们进行问卷调查,然后让18~35岁的男性过桥,并在桥中央接受问卷调查。做完问卷调查后,女士会对男士说:"如果想知道调查结果的话,过几天给我打电话。"并将自己的电话号码告诉给男士。几天之后,给这位女士打电话的男士中,过吊桥的男士远比过木桥的男士要多。

请问:1. 男士在过吊桥时有什么情绪状态?

　　　2. 为什么过吊桥的男士跟女士联系得更多呢?

人非草木,孰能无情? 喜、怒、哀、乐、爱、恶、惧,人皆有之。在日常生活中,我们有时欢快愉悦甚至欣喜若狂,有时焦躁不安甚至暴跳如雷,有时郁郁寡欢甚至悲痛欲绝,这些都是情绪体验。复杂、丰富的情绪、情感体验,使我们的生活变得丰富多彩。

一、情绪和情感概述

(一)情绪和情感的概念

情绪、情感是人对客观事物是否符合个体需求而产生的态度体验。情绪与情感与人的需要有密切的关系,它是一种以需要为中介的反映形式。情绪与情感具有鲜明的两极性:肯定性(愉快)与否定性(不愉快),积极性与消极性,紧张性与轻松性,激动性与平静性,力量强与弱的变化等。人对周围世界有不同的态度和体验:如愉快与高兴,忧愁与悲伤,恐惧与绝望,欣赏与爱慕,厌恶与憎恨等。所有这些喜、怒、哀、乐、爱、恶、惧,都是人对现实对象的不同态度和带有独特色彩的体验形式,都是情绪情感的不同表现形态。

(二)情绪和情感的联系与区别

1. 情绪和情感的联系　情绪和情感的联系是密切、不可分割的。情绪是情感的基础和外部表现形式,情感是情绪的本质内容,并对情绪有支配和调节作用。情绪与情感的差别是相对的,在现实生活中,在具体人身上,它们常常是交织在一起的,所以从本质上看两者是一致的。

2. 情绪和情感的区别

(1)情绪与生理需要的满足与否相联系:如人对食物、空气、睡眠、运动等的需要。而情感则是与人的社会性需要相联系。如人对交际、劳动、文化、道德等的需要。因此,情绪是较低级的,是人类和动物所共有的;而情感则是较高级的,是人类所特有的。

(2)情绪具有明显的情境性、不稳定性、暂时性:它往往由当时的情境引起。当时过境迁,情绪会很快消失。如发生激烈争吵时,在特定的情景下情绪有明显的暂时性、激动性,一旦被劝离开就会逐渐平静下来;而情感则不同,一般不受情境所左右,且具有稳定性、持久性和深刻性。

(3)情绪比情感强烈:情绪具有较大的冲动性和较明显的外部表现,如人们因欣喜若狂而欢呼雀跃、因强烈的愤怒而暴跳如雷等。而情感体验一般较稳定,具有内隐性或以微妙的方式流露,一般不伴有明显的生理变化,如亲情、荣誉感、责任感等(表2-1)。

表2-1　情绪和情感的区别

情绪	情感
与生理性需要相关联	与社会性需要相关联
发生早,人与动物共有	发生晚、人类独有
具有外显性、情境性、激动性、暂时性	具有内隐性、稳定性、深刻性、持久性

（三）情绪和情感的外部表现

在情绪和情感发生时，人体总是会伴随着一定的外部表现，即通常所说的表情，也称为表情动作。表情可分为面部表情、身段表情和言语表情。

1. 面部表情　是情绪在面部上的表现。人的眼睛是最善于传情的，不同的眼神可以表达不同的情绪。如高兴时"眉开眼笑"，忧愁时"双眉紧锁"，气愤时"怒目而视"，惊恐时"目瞪口呆"等；口部肌肉的变化也是表现情绪的重要线索，如憎恨时"咬牙切齿"，紧张时"张口结舌"，喜笑时口角向上翘，哭泣时口角向下弯等。整个面部肌肉的协调活动能显示出人类丰富多彩的情绪状态。

2. 身段表情　是情绪在身体动作上的表现。人在不同的情绪状态下，身体姿势会发生不同的变化。例如，得意时"摇头晃脑"，紧张时"坐立不安"，悔恨时"捶胸顿足"，讨好时"卑躬屈膝"，骄傲时"趾高气扬"等。

3. 言语表情（语调表情）　是情绪在语言的音调、速度和节奏等方面的表现。言语不仅是交流思想的工具，也是表达情绪信息的手段。例如，喜悦时音调高昂，速度较快，语音高低差别较大；悲哀时音调低沉，速度缓慢，语音差别较小。再如"欢声笑语""大声疾呼""语重心长""声嘶力竭"等都反映了不同的情绪状态。

二、情绪和情感的分类

（一）原始情绪

根据主体和客体之间需求关系的不同，古代把情绪分为"喜、怒、哀、乐、爱、恶、惧"七种基本形式，谓之"七情"。现代心理学一般把它划分为"快乐、愤怒、恐惧、悲哀"四种基本形式，即所谓"原始情绪"。

1. 快乐　是一种在追求并达到所盼望的目的时所产生的一种体验。快乐的程度取决于愿望的满足程度，从微弱的满意到狂喜，分为一系列程度不同的级别。

2. 愤怒　是愿望不能实现并反复受到挫折，致使紧张状态逐渐积累而产生的情绪状态。愤怒的程度取决于对妨碍达到目标的对象的不满程度。愤怒从弱到强的变化是：轻微不满—愠怒—怒—愤怒—暴怒。愤怒一般是有特定对象的，甚至伴有攻击行为。

3. 恐惧　是面临危险，企图摆脱、逃避却又无能为力时的情绪体验。引起恐惧的重要因素是缺乏处理可怕情景的能力。例如，突然陷入陌生的情景，无法掌控时，会产生恐惧情绪。

4. 悲哀　是自己所热爱、企盼的事物失去时，或追求的愿望破灭时产生的情绪体验。悲哀表现出遗憾、失望、难过、悲伤、哀痛、绝望等不同程度，主要取决于失去事物的价值。

（二）情绪状态

情绪状态是情感在实践活动中不同程度的体现。根据情绪发生的强度、速度、紧张度和持续性，可以把日常生活中人们的情绪状态分为心境、激情与应激三种状态。

1. 心境　是一种微弱的、比较持久的影响人的整个心理活动的情绪状态。它具有持久性、弥漫性和感染性的特点。心境常常不是关于某一件事的特定体验，而是一定时期内人的体验都染上同样的情绪色彩，和我们平时所说的"心情"很相似，它平静而微弱，持久而弥散，影响着人在一段时间内整个的精神状态。例如，"人逢喜事精神爽"等指的就是心境。产生心境的原因有很多，如事业成败、人际关系、健康状况、自然环境等。其中健康状况是心境变化的主要原因，过度的疲劳、严重的失眠、慢性疾病等都会使人产生消极的心境。

2. 激情　是一种强烈的、短暂的、暴发的情绪状态。如狂喜、暴怒、惊恐等。激情通常是由个人生活中的大事件、过度压抑或过度兴奋所引起，人在产生激情时常伴有明显的外部表现，如暴跳如雷、欣喜若狂、悲痛欲绝等，同时机体内部也会出现一系列的生理变化。人在激情状态时认知能力会发生改变，适度的激情会使人思维活跃，解决问题能力增强；缺乏意志控制的激情，会使人的认知能力范围缩小，不能正确评价自己行动的意义及后果，容易导致严重后果。因此，我们要提倡积极的激情，克服和避免消极的激情。

3. 应激　是在出乎意料的紧急情况下所引起高度紧张的情绪状态。如突然发生的爆炸、车祸、地震、水灾等意外事件。在突如其来的或十分危急的情景下，个体必须迅速作出决策和采取行动时，容易出现应激状态。应激时机体会产生一系列的生物性反应，如肌肉紧张度、血压、呼吸、心率、腺体的活动等都会有明显的变化。这些变化有助于个体适应急剧变化的环境刺激，以维护机体功能的完整性。

（三）社会性情感

社会性情感是同人的社会性需要相联系的主观体验，是人类所特有的心理现象之一。人类高级的社会性情感主要有道德感、理智感和美感。

1. 道德感　是根据一定的道德标准在评价人的思想、意图和行为时所产生的情感体验。在社会生活中，这种标准得到遵守，即产生肯定的体验，反之则产生否定的体验。道德属于社会历史范畴，不同时代、不同民族、不同阶级有着不同的道德评价标准。

2. 理智感　是人们在智力活动过程中，认识和评价事物时所产生的情绪体验。例如，人们在探索未知的事件时所表现的求知欲望、认识的兴趣和好奇心；在解决问题过程中出现的迟疑、惊讶、焦躁以及问题解决后的喜悦、快慰；在评价事物时坚持自己见解的热情；为真理献身时感到的幸福与自豪；由于违背和歪曲了事实真相而感到羞愧等，都属于理智感。

3. 美感　是根据一定的审美标准评价事物时所产生的情感体验。人的审美标准既反映事物的客观属性，又受个人的思想观点和价值观念的影响。因此，在不同文化背景下，不同民族、不同阶级的人对事物美的评价既有共同的方面，也有不同的地方。

美感作为社会性情感的一种形式，也是由客观情境引起的，这包括两方面的内容：一方面是自然景象和人类创造物引起的。如昆明的石林、桂林的山水、北京香山的红叶、鸟巢、水立方等。另一方面是指人类的社会道德品质和行为特征也能引起美的体验。那些为人善良、淳朴、诚实、坚强、公正坦率、不徇私情、有自我牺牲精神的品质和行为都是美的。而那些丑恶的品质和行为,如损人利己、虚伪、胆小怕事、两面三刀、狡猾奸诈等,会引起人们的厌恶、憎恨的情感体验。可见,美感是按一定的标准评价自然特性和社会行为特性时所产生的内心体验。

三、情绪与健康

情绪与健康关系密切,有句俗语"笑一笑,十年少;愁一愁,白了头",说明了情绪对健康的作用和影响。

(一)情绪对健康的影响

情绪具有明显的生理反应,直接关系到身心健康,而所有心理活动又都在一定的情绪基础上进行,因而情绪成为心身联系的一种纽带。情绪与人的健康有着极为密切的关系,我国古代《黄帝内经》中就有"喜伤心""怒伤肝""思伤脾""恐伤肾"的阐述,中医"内伤七情"学说把情绪因素列为疾病的内因。医学心理学的研究,更以大量证据证明了情绪因素的致病作用,从而把情绪与疾病的关系建立在科学研究的基础上。

积极的情绪(比如乐观、开朗、心情舒畅等)能使人从心理与生理两方面保持健康,积极的情绪能提高人的大脑活动效率和耐久性,使人体内的各器官系统的活动处于高水平的协调一致状态。积极的情绪还能使人增强对疾病的抵抗能力,利于人体健康。消极的情绪(比如焦虑、抑郁、悲伤、烦闷等)则会损害人的正常的生理功能和心理反应。如果消极情绪产生过于频繁或强度过高或持续时间过长,就会导致躯体疾病或心理疾病的发生。现代医学研究表明,临床上常见的高血压、冠心病、癌症、糖尿病、消化性溃疡、哮喘、偏头痛等多种疾病,都与不良情绪有关,这类疾病称为心身疾病。

一些容易引起强烈紧张状态的重大生活事件,如战争、社会动荡、恐怖事件、地震、水灾等,也会使人产生各种心身疾病。比如,在第二次世界大战中,英国伦敦不断受到德国的空袭,人们经常处于精神紧张状态。有人发现在那个时期患消化性溃疡并穿孔的患者明显增多。此外,严重的不良情绪还可能会导致心理障碍及精神疾病。因此,为了使机体能够保持良好的身心健康状态,我们应该设法避免或积极调整焦虑、烦恼等不良情绪,从而保持乐观、大度、心胸开阔的积极情绪。

(二)健康情绪的判断标准

由于人类社会化的影响,人们知道该怎样来表达自己的情绪。人们往往是根据社会要求和准则以及传统的习俗来规范自己情绪的表达方式。一般认为,符合这个准则的就是健康的,反之就是不健康的。健康情绪的判断标准主要有:

1. 诱因正确　情绪的发生与发展必须有明确的原因,该喜则喜,该悲则悲。无缘无故的喜,无缘无故的怒,莫名其妙的悲伤都是不健康的情绪。

2. 反应适度　情绪反应强度要能够与引起情绪的刺激强度相适应,这才是健康的情绪反应。如果情绪反应过度强烈或过度抑制则都是不健康的表现。

3. 情绪的稳定性和灵活性　健康的情绪反应要有一定的稳定性,如果情绪时强时弱,变化莫测,则是不健康的表现。在稳定性中还要有灵活性,即情绪反应开始较强,随着时间的推移,经过调整能够及时恢复。若恢复过程过慢,甚至情绪"固着",变化不灵活,也是不健康的表现。

4. 情绪的自我调节和控制　健康的情绪是可以自我调节和控制的。在现实生活中运用一些积极有效的方法,主动及时调整不良情绪,把消极情绪转化为积极情绪。如"化悲痛为力量"就是一种情绪的转移。学会控制自己的情绪,让自己的情绪反应适时、适度,就能很好地适应环境,不仅有益于身心健康,也有益于人际关系和生活环境的和谐。

（三）情绪调节与控制的方法

情绪是认识和洞察人们内心世界的窗口,它标志着一个人的心理成熟程度。一个具有良好修养的人,懂得控制和调节情绪的意义,能够自觉而有效地调节和控制自己的情绪。对情绪进行调节和控制的方法主要包括:

1. 意识调节　人的意识能够调节情绪的发生与反应强度。一般来说,素质修养水平较高的人,能够有效地调节自己的情绪,因为他们在遇到问题时,比较理智和宽容,不会被细小的、局部的事情左右自己的情绪,能镇静理智地处理问题。

2. 语言调节　语言是影响人的情绪体验与表现的强有力的工具。通过语言可以控制情绪反应。例如,林则徐在墙上挂有"制怒"二字的条幅,就是用语言来调节情绪的佐证。

3. 注意转移　把注意力从自己的消极情绪转移到其他方面上去。如找人交谈、外出散步、欣赏音乐等,都可以冲淡消极情绪。

4. 行为转移　这种方法是把情绪转化为行动的力量,即把消极情绪转变为从事科学、文化、学习、工作、艺术、体育等的力量,进行各种有意的活动。"化悲痛为力量"讲的就是这种情况。

5. 适度宣泄　产生消极情绪时,不必过度压抑它,而是需要适度宣泄。如让愤怒者把他认为不公平的、让他感到愤怒的事情,在适当的场合坦率地说出来,以消怒气。或者采用拳击沙包、踢足球等方式进行宣泄,也可以达到放松的目的。

6. 自我控制　人们还可以用自我调整法控制情绪,即按一套特定的程序,以机体的一种随意反应去改善机体的另一些非随意的反应,用心理过程来影响生理过程,从而达到松弛入静的效果,以解除紧张和焦虑情绪。

知识链接

情　商

情商,是一种自我情绪控制能力的指数。1995 年丹尼尔·戈尔曼出版了《情商:为什么情商比智商更重要》一书,引起全球性的讨论,他也因此被誉为"情商之父"。

丹尼尔认为情商包含五个主要方面：

1. 了解自我　监视情绪时时刻刻的变化,能够察觉某种情绪的出现,观察和审视自己的内心体验。

2. 自我管理　调控自己的情绪,使之适时适度地表现出来。

3. 自我激励　能够依据活动的某种目标,调动、指挥情绪的能力,它能够使人走出生命中的低潮,重新出发。

4. 识别他人的情绪　能够通过细微的社会信号、敏感地感受到他人的需求与欲望,认知他人的情绪,这是与他人正常交往,实现顺利沟通的基础。

5. 处理人际关系　调控自己与他人的情绪反应的技巧。

第三节　意志过程

案例

彬彬上初一,成绩中等,看到其他同学成绩优秀,受到表扬,于是下定决心要让自己的成绩也达到优秀的水平,便制订了一个学习计划,早上六点钟起床早读,每天坚持课前预习、课后复习,认真完成作业,并要求自己一学期下来要读四本名著。

刚开始的一段时间,彬彬确实六点钟就准时起床读书,各个方面都表现得很好。一段日子过去了,天气变冷了,他逐渐开始睡懒觉。以后,到了六点二十分都没有看到彬彬早读的身影。每天放学回家后也没有马上完成作业,而是在电视机前看节目。到后来连作业也需要父母督促才肯去做了。名著也只看了个开头,接下来都不看了,只摆在书柜中。

请问:1. 彬彬的学习计划没实现的原因有哪些?

2. 怎样帮助他达到学习目标?

一、意志概述

(一)意志的概念

意志是自觉地确定目的,并根据目的来支配自己的行动,克服困难,以实现目的的心理过程。科学家攻克科研项目,学生努力学习,公民遵纪守法,司法人员秉公执法,个人兴趣、爱好、能力的发展等活动,都有意志过程的参与。

意志和行为是密不可分的,意志受目的支配、调节行为。人在行动之前,总要先选定目标,制订计划,并在克服困难的过程中实现目标,这种在意志调节和支配下有目的的、自觉的行动称之为意志行动。比如克服自身的不良习惯，始终如一地坚持锻炼身体等；再如，达尔文潜心研究 20 余年，于 50 岁时写出巨著《物种起源》，孟德尔用豌豆花进行了 10 年实验，终于发现了遗传法则，这些行为都是意志行动。

（二）意志的特征

意志总是通过行动来实现的。人的意志行动具有以下三个特征：

1. 意志行动的前提是有目的的行动　人在从事活动之前，活动的结果已作为行动的目的而预先存在于他的意识之中，并以此为目的来指导自己的行动。因此，只有人类才能在自然界留下自己意志的痕迹。能够自觉地确立目的，是人的行动的最基本特征。人一切无意识的行动都不是意志行动。离开了自觉的目的，意志便失去了存在的前提，就没有意志可言。意志行动的目的越明确，越高尚，越远大，意志水平就越高，行动的盲目性和冲动性就越小。动物也作用于环境，有些高等动物仿佛也具有某种看似目的性的行为，如狮子捕食、狼群分工围捕猎物等。但是从根本上说，动物因为不能意识到其行为后果，所以动物的行为是盲目的、自发的。

2. 意志行动的基础是随意运动　人的意志行动是由意识调节下的一系列随意运动组成的。人的行动可分为随意运动和不随意运动。不随意运动是指不受意识控制、调节的动作，主要由非条件反射而引发的。如打嗝、吞咽、分泌唾液、睡梦中的动作、讲话时的无意动作和手势等，都属于不随意动作。随意运动是后天习得的，受意识控制、调节，为完成某项任务而必备的动作，如跑步、骑车、写字、绘画等随意运动。一个人掌握随意运动的熟练程度越高，他的意志行动越容易顺利进行。如对于外科医生来讲，丰富的医学知识和精湛的手术技艺是他们进行外科手术必不可少的条件，否则即使再有想做当代名医、解救患者痛苦的理想也是不可能实现的。

3. 意志行动的核心是克服困难的行动　人的意志行动以随意运动为基础，但不是所有的随意运动都是意志行动。意志的强弱，是通过克服行动中的困难大小来体现的，克服困难越大，表明其意志越坚强。例如吃饭属于随意运动，但人们的日常三餐不能叫做意志行动。只有重症患者为了保证营养、战胜疾病，克服生理困难进食才叫做意志行动。意志行动中的困难包括内部困难和外部困难。内部困难是来自于自身的障碍，如知识经验不足，能力有限，身体欠佳等。外部困难指意志行动中的客观条件障碍，如自然环境条件恶劣，缺乏必要的工作条件，不良的人际关系等。

二、意 志 品 质

意志品质是指一个人在实践过程中所形成的比较明确的、稳定的意志特点。良好的意志品质是保证活动顺利进行、实现预定目的的重要条件。

1. 意志的自觉性　是指个体自觉地确定行动目的，并独立自主地采取决定和执行决定。这反映了一个人在活动中坚定的立场和始终如一的追求目标。它贯穿于意志行动的始终,也是意志行动进行和发展的重要动力。具有自觉性的人,在行动中既能坚持独立,不轻易受外界影响,又能不骄不躁,虚心听取有益的意见;既能为了实现预定目的,坚持正确的决策,又能听取合理化建议,及时修正不合理方针,以达到目的。

与自觉性相反的表现是易受暗示和独断。易受暗示指缺乏主见,人云亦云,没有独立的见解,为人处世易受他人影响,表现出过多的屈从和盲从。独断指容易从主观出发,刚愎自用,不听他人忠告,一意孤行。

2. 意志的果断性　是指面对复杂多变的情境,能够迅速而有效地做出选择,采取决定,并为实现目标迅速行动。果断性是在全面地考虑行动的各个环节和环境的诸多因素的基础上,迅速明辨是非,当机立断。有时候,果断性还同一个人的信仰和人生观有密切的联系。在危急关头,更需要深明大义,敢作敢为,甚至不惜牺牲自己的利益。具有果断性的人既顾全大局,处事严谨,又果敢坚决,雷厉风行。

与果断性相反的品质是优柔寡断和武断。前者面临选择常犹豫不决,摇摆不定,作出决定后又患得患失,踌躇不前,最后导致错失良机。武断是指处事冲动鲁莽,不等时机成熟就匆忙作出决定,草率从事,以致行动失败。处事武断的人或是性格暴躁,懒于思考,或是目光短浅,不计后果。这两个方面都是意志品质果断性缺乏的表现。

3. 意志的自制性　是指能够自觉、灵活地控制自己的情绪,约束自己的言行的意志品质。人生活在社会环境中,个人利益与愿望常会同他人或集体的利益与愿望发生冲突,这时就需要依据社会的道德标准和公共规范来调整自己的行为。此时,自制性就显得尤为可贵。具有自制性的人,有很强的组织纪律性,情绪稳定,注意力集中,通常被称为意志坚定的人。他们知道做自己应该做的事。具有自制性的人既能发动合乎目的性的行动,又能抑制与行动目标不一致或相违背的行动。

与自制性相反的表现是任性和怯懦。前者容易受情感左右,缺乏理智,常在需要克制冲动的时候任意为之,意气行事。后者表现为在需要采取行动,迎接挑战的时候却临阵退缩,不敢有所行动。这两种都是意志不坚定、缺乏自制力的表现。

4. 意志的坚韧性　是指在意志行动中遇到困难和挫折时,能顽强乐观地面对,想尽办法克服困难,矢志不渝,坚持到底。意志的坚韧性在于既能坚持原则,抵制各种内外干扰,又能审时度势,灵活机动地达到预定目的。鲁迅先生在"风雨如磐"的旧社会,既有坚定的信仰和不屈的战斗精神,又提倡"韧性的战斗",不同意青年学生赤手空拳去白白地流血牺牲,可以说是意志品质坚韧性的最好体现。

三、意志品质的培养

良好的意志品质,是完善人格、追求成功的重要因素。意志的培养主要有以下几个方面:

1. 树立崇高的理想　伟大的目标产生巨大的动力,只有确定了远大的理想、坚定的信念,才能使自己的行为具有高度的自觉性,才能以顽强的毅力克服重重困难达到预定目的。

2. 从小事做起,锻炼自己的意志　培养意志应该从小事做起,不要以为是小事就不屑一顾,恰恰是小事能反映一个人的意志。高尔基曾说过:"哪怕是对自己的一点小小的克制,也会使人变得刚强有力。"如以讲究卫生为例,不随地吐痰,不乱扔杂物,便后冲水等小事,始终如一地坚持做到,养成习惯,即可提升自身素质。生活中的小事俯拾皆是,但长期坚持下来对自身的意志来说就是一种锻炼。不断反思自身弱点、缺点,坚持去克服它,从现在做起,从小事做起,持之以恒,才能培养良好的意志品质。

3. 完成一些有一定难度,而又力所能及的任务　任务过于简单,过于容易,激不起克服困难的力量,没有锻炼意志的价值;而过于困难,无论如何努力也无法成功,则打击了自己的自信心,同样锻炼不了意志。为了培养锻炼意志,应有意识地去完成一些力所能及而又有一定难度的任务。

4. 根据自身意志品质的特点,设计相应的锻炼方法　不同的人意志品质有不同的特点,应根据自己的意志特点设计相应的锻炼方法,才能达到较好的效果。有不少人吃苦耐劳,能任劳却不能任怨,受不得气。有的人在学习上能孜孜不倦,刻苦努力,但对生活上许多细节,却缺乏耐心。所以培养自己的意志品质,应设计相应的锻炼方法,克服自身弱点,成为意志品质坚强的人。

5. 坚持参加体育锻炼　体育锻炼是磨练意志品质的好方法,如长跑,如果没有一定的意志力是很难坚持跑下来的,爬山、游泳、足球、俯卧撑、跳绳、篮球、围棋等,都对培养人的意志力有良好的效果。

6. 借助集体生活,提高意志力　集体活动可以培养人的意志力,如集体去登山、野炊、集体参加一场球赛等。集体的力量可以使一个人的意志力提高更快,从一个弱者变成一个强者。

7. 坚持学习,提高意志力　努力学习,掌握知识技能,是学生的首要任务。长期坚持认真学习,既可以增长知识,又可以培养自己的意志力。应该给自己确定一个目标,坚持学习,持之以恒,使自己的意志力得到提高。

第四节　人　　格

案例

地点:某剧场门口。

时间:演出开始 10min 后。

人物:检票员和 4 位迟到的观众。

情节:剧场规定演出开始10min后不许入场。剧中休息时,才能再入场。4位迟到者分别对检票员说明迟到的缘由,并要求进入剧场,但表现各不相同。

第1位:大吵大嚷,怒发冲冠。

第2位:软硬兼施,找机会溜进去。

第3位:不吵不嚷,虽然遗憾但是还是理解剧院的做法,并自我安慰"好戏都在后头"。

第4位:垂头丧气,委屈万分,认为自己总是很倒霉。

问题:1. 这四个人的行为表现分别属于哪种气质类型?

2. 掌握各种气质类型及行为倾向对现实生活和学习有何指导意义?

一、人格概述

(一)人格的概念

人格是从拉丁文演变来的,拉丁文的原意是指希腊戏剧中演员戴的面具。面具随人物的不同而变换,体现了角色的特点和人物性格,就如同我国戏剧中的脸谱一样。心理学沿用面具的含义,转译为人格。其中包含两个意思:一是指一个人在人生的舞台上所表现出来的种种言行,即遵从社会文化习俗的要求而作出的反应。二是指一个人由于某种原因不愿展现的人格部分,即面具后的真实自我,这是人格的内在特征。心理学家从不同角度对人格的概念有着不同的论述,综合各家的看法,可以将人格的概念界定为:人格是指一个人整体的精神面貌,是具有一定倾向性的和比较稳定的心理特征的总和。

(二)人格的特征

1. 人格的整体性　人格是人的整个精神面貌的表现,是一个人的各种人格倾向性和人格特征的有机结合。这些成分或特征不是孤立地存在着,也不是机械地联合在一起,而是错综复杂地相互联系、交互作用,组成一个完整的人格。

人格的整体性有两方面的含义。首先,人格的内在统一性。一个有血有肉的活生生的正常人,总是能够正确的认识和评价自己,能及时地调整自己的心理冲突。这样才能使他的动机和行为之间经常保持和谐一致。一个人失去人格的内在统一性,他的行为就会经常由几种相抵触的动机支配,这是一种人格分裂现象,也称"双重人格"或"多重人格"。其次,只有从整体出发,在和其他人格特征联系中,才能认识个别,使其具有确定的意义。如沉默寡言使人显得孤僻这一特征,在不同人身上,可能有不同意义。甲可能由于怕羞,不愿出头露面,这是怯懦的表现;乙可能是不想暴露自己的真实面貌,这是虚伪的表现;丙可能是想靠别人的努力,获取自己的满足,这是懒惰的表现。

2. 人格的稳定性　人格具有稳定性的特点是强调内在、本质的自我具有持久性。所谓"江山易改,本性难移"。稳定性随人格的成熟而逐渐加强,但也不是绝对一成不变的。

所谓稳定是相对的,而塑造则是绝对的。然而,从总体上看,一个人的人格仍然要表现出"我就是我"的稳定性。在一些重大事件的影响下或某些疾病情况下,人格会出现明显的改变,这表明心理上可能出现了不健康的问题。

3. 人格的独特性　一个人的人格是在遗传、成熟、环境、教育等先天和后天的因素交互作用下形成的。不同的遗传素质、不同的生存及教育环境,形成了各自独特的心理特点,特有的行为和思维方式。人格的重要特性正是这种人与人的差异性,常言道:人心不同,各如其面。比如,在古代文学作品中的"黑大汉"形象,张飞粗中有细的鲁莽与李逵的鲁莽就有所区别。正是由于人格具有独特性,从而使每个人的行为和心理都各具特色。人格的独特性既受遗传因素的影响又反映了它在形成过程中的各种印记。人格的独特性突出体现了人的气质、性格和能力的差异。

4. 人格的社会性　人格的社会性可以理解为体现在个人身上的社会化程度和角色行为特征。因为人是社会性动物,各种社会文化对人思想的影响、不同社会角色对人行为的规范,都会在人格中留下"印记",并在人格中有所体现。当然,人同时也是生物体,人的遗传素质构成了人格形成的基础,但它却不能预定人格的发展方向。

(三) 健康人格

心理学家弗洛姆从哲学、心理学角度研究人,并提出了健康人格模型。他认为健康的人格应该是:积极主动地生存意味着去展现自己的愿望,自己的才能和丰富的天赋,这些天赋我们每个人或多或少都具备。这就是说,要自我更新,要成长,要爱,超越孤立的自我的束缚,有兴趣,去倾听和去贡献。

心理学家阿尔波特毕生致力于研究正常、健康的人,他认为,如果一个人的自我同一性发展得很好,这个人就能获得心理上的成熟,他就是心理健康的人。他认为一个成熟的人所具有的健康人格有以下七种特质:

第一,具有持续的扩展自我的能力。阿尔波特认为,心理成熟者能将自己投入到多种爱好,各类活动以及与人的交往之中,并获得自我扩展的机会。

第二,具有爱与同情的能力,指能以一些健康的方式,如真诚、共情和宽容等与他人建立温暖、亲密、融洽而又深刻的关系。有必要指出的是,爱既是一种态度,也是一种能力。天生就具备这种态度和能力的人是不多的,绝大多数人都是通过学习而具备爱的能力的。

第三,具备安全感并能自我接纳。成熟的人因为能够自我接纳而具有情绪上的安全感,这使他们拥有挫折耐受性,当出现问题时,他们能忍受挫折感和担忧等负性情绪,并能采取建设性方式去积极处理。

第四,具有客观感知现实的能力,指能按世界的本来面目去认识世界,准确、客观地感知现实,并坦然地接受现实。一个人能够"客观感知现实"并不容易,因为每个人都不可避免地会受自身经验、经历、性格和知识等方面的影响,以至于常常无法客观感知现实。"仁者见仁,智者见智"说的就是这个道理。

第五，有客观认识自我的能力。成熟的人懂得真实自我与理想自我之间以及自我评价和别人对自己的评价之间存在的差异。他们对自己的行为有明确的洞察力，这使他们不会把个人的消极品质投射到他人身上，他们在客观认识自己的同时也能准确地评价他人，并能被他人友好接纳。

第六，以问题为中心并发展出问题解决技术。一个成熟的人不仅能全身心地投入到自己的生活与工作中，能高水平地胜任工作，而且在遇到问题时能够排除情绪的干扰而把注意力集中在问题解决的技术上。

第七，具备统一的人生哲学。成熟的人有明确的价值观，他们的未来是定向的，他们有目的感、有完成目的的使命感和责任感，他们为富有意义的人生目标所牵引。阿尔波特认为，了解一个人人格结构的最好方法便是问他："你在五年内想做什么？"用人生的目标来衡量一个人的心理健康水平是很能说明问题的。

二、人格倾向性

人格倾向性是人格的重要方面，它是个体行为的内在动力和基本原因，决定着一个人的活动倾向性和积极性，集中地体现了人格的社会实质。人格倾向性包括需要、动机、兴趣、理想、信念和世界观等内容。

（一）需要

1. 需要的概念　需要是指个体对自身生存和发展所必备条件的渴望和欲求。人的需要是生理和社会的客观需求在大脑中的反映。人的一切行为活动都是为满足需要而发生的，一些需要满足了，新的需要便会自然产生，一旦需要消失，生命亦即终结了。

2. 需要的种类　人的需要是多种多样的，按起源可分为自然需要和社会需要；按指向的对象可分为物质需要和精神需要。

（1）自然需要与社会需要：自然需要也称生物需要或生理需要。生理需要是人和动物共有的最基本需要，如进食、饮水、运动、休息、睡眠、觉醒、排泄和性等。它们是保护和维持有机体生存和繁衍种族所必需的。如果正常的生理需要得不到满足，将严重影响个体的身心健康。

社会需要并非与生俱来，是人类在社会环境中发展起来的。例如，对社会交往、劳动生产、文化学习以及对道德规范的需要等，都是社会需要。这些需要反映了人类社会的要求，对维持人类社会生活、推动社会进步有重要的作用。

（2）物质需要与精神需要：物质需要是个体对生存和发展所必需的物质生活的需要，既包括对自然界产物的需要，又包括对社会文化产品的需要。物质需要既有自然需要的内容，也有社会需要的内容。例如，在对服装的需要中，既有满足人们御寒、防晒等自然需要的内容，也有满足人们自尊、追求美的社会需要的内容。

精神需要是个体对生存和发展所必需的精神生活的需要。例如，对劳动、交往、审美、道德、创造等的需要。随着社会的进步和社会生产力的发展，人类所特有的精神需要不断发展。

3. 需要层次理论　需要层次理论是由美国心理学家马斯洛提出的，他认为人发展的一个最简单原则就是满足各层次的需要。他将人类的需要按其发展顺序及层次高低分为五个层次(图2-10)。

图 2-10　马斯洛需要层次

(1) 生理的需要：主要是指人对食物、水分、空气、睡眠、性的需要等。在人的所有需要中生理需要是最重要、也是最有力量的，当一个人被生理需要所支配时，其他的需要就会处于次要的地位。

(2) 安全的需要：表现为人们要求稳定、安全、受到保护、有秩序、能免除恐惧和焦虑等。例如，人们希望得到一份安定的职业，愿意参加各种保险，这些都表现了他们的安全需要。

(3) 爱和归属的需要：一个人要求与其他人建立感情的联系或关系，如结交朋友、追求爱情、参加一个团体并在其中获得某种地位等，就是爱和归属的需要。

(4) 尊重的需要：包括自尊和受到别人的尊重。自尊需要的满足会使人相信自己的力量和价值，使他(她)在生活中变得更有能力，更富有创造性。相反，缺乏自尊会使人感到自卑，没有足够的信心去克服所面临的困难。

(5) 自我实现的需要：人们追求实现自己的能力或潜能，并使之完善化。在人生道路上自我实现的形式是不一样的，高职和中职班的医学生，他们都有机会去完善自己的能力，满足自我实现的需要。

马斯洛认为，这五种需要构成了不同的等级或水平，并成为激励和指引个体行为的力量。马斯洛认为，需要的层次越低，它的力量越强，潜力越大。随着需要层次的上升，需要的力量相应减弱。在高级需要出现之前，必须先满足低级需要。只有在低级需要得到满足或部分满足以后，高级需要才有可能出现。在个体发展过程中，高级需要也出现得较晚。例如婴儿有生理需要和安全需要，但自我实现的需要则要在成人后才出现。低级需要直接关系到个体的生存，因而也叫缺失需要，当这种需要得不到满足时，将直接危及个体的生命。高级需要不是维持个体生存所绝对必需的，因此这种需要可以稍作延迟。高级需要也与人的健康成长密切相关，满足这种需要能使人积极向上，精力旺盛，有利于健康、长寿。因此，在这个意义上高级需要也叫成长需要。

马斯洛还指出，要满足高级需要，必须先满足低级需要，如"足衣食而知荣辱"，但这也不是绝对的，也会有低级需要服从于高级需要，如"不食嗟来之食"。

(二) 动机

1. 动机的概念及作用

(1) 动机的概念：是指能引起、维持一个人的行动，并将该行动导向某一目标，以满足个体某种需要的意念活动。动机是一种内在动力,或称内驱力。

(2) 动机的作用:表现为:

1) 激活功能:动机具有发动行为的作用,能推动个体产生某种活动,使个体由静止状态转向活动状态。例如,为了解除干渴而引起寻觅饮水的活动。一般认为,中等强度的动机有利于任务的完成。

2) 指向功能:动机不仅能激发行为,而且能将行为指向一定的对象或目标。例如,在成就动机的驱使下,人们会主动选择具有挑战性的任务等。

3) 维持和调整功能:动机具有维持功能,表现在对行为的坚持性上。当动机激发个体的某种活动后,这种活动能否坚持下去,同样要受动机的调节和支配。如果活动偏离了追求的目标,某动机得不到强化,这种活动就会减弱或停止。

2. 动机冲突　在现实生活中,由于人们有多种需要,于是就会形成多种动机。当几种动机在最终目标上相互矛盾或相互对立时,这些动机就会产生冲突。如果几种相互对立的动机在强度上差异较大,强度较大的动机必然成为优势动机,这时个体易做选择。如果几种相互对立的动机在强度上差异较小,这时个体在选择时就会难以取舍,从而产生互相矛盾的心理状态,即形成动机冲突。通常,动机冲突是指这种较为明显的两种动机之间的冲突。常见的动机冲突有:

(1) 双趋冲突:是指两个目标对个体具有相同的吸引力,形成强度相似的两个动机,但由于条件限制,只能选择其中一个而要放弃另一个所引起的冲突,即造成"鱼与熊掌不可兼得"的难于取舍的矛盾心理状态。例如,晚上既想看书,又想看球赛。

(2) 双避冲突:是指两个事物同时对个体形成威胁,产生同等强度的逃避动机,但迫于环境和条件,只能接受一个才能避开另一个,这种选择时的心理冲突称为双避冲突。即造成"前怕狼,后怕虎"的左右为难、进退维谷的心理紧张状态。例如,对一位必须在手术与药物治疗间作出选择的患者来说,他既恐惧手术的危险又担心药物的不良反应,因而易陷入双避冲突之中。"前是悬崖,后是追兵"也是双避冲突的表现。

(3) 趋避冲突:指某一事物对个体的需要具有利与弊的双重意义时,会使人产生截然相反的动机。一方面是好而趋之,一方面又恶而避之,"想吃鱼又怕腥"。一个患者总希望做手术能治好自己的病,但又害怕手术的风险和痛苦,这种矛盾心理就形成了动机的趋避冲突。

以上三种是最基本的动机冲突模式,现实生活中人们的内心冲突是极其复杂的。了解这些基本模式,有助于进一步了解更复杂的动机冲突,也有助于解决内心冲突。

(三) 兴趣

1. 兴趣的概念及分类

(1) 兴趣的概念:是指个体力求认识、探究某种事物的心理倾向。兴趣与人的愉快情绪相联系,是在需要的基础上产生的,兴趣使人对感兴趣的事物给予优先注意,积极地探索,并产生情绪色彩和向往的心情,兴趣是人类认识事物和从事活动的巨大动力,从而促使个体为满足其对客观事物的需要或实现自己的目标而积极努力。

(2) 兴趣的分类：根据兴趣的倾向性不同可分为直接兴趣和间接兴趣。直接兴趣是由事物本身或者活动本身引起的兴趣；间接兴趣是由活动结果引起的兴趣。

2. 兴趣的品质

(1) 兴趣的倾向性：指一个人的兴趣所指向的是什么事物。由于兴趣的倾向性不同，人与人之间会出现很大的不同，如有的人对文学感兴趣，有的人对数学感兴趣，有的人对音乐感兴趣等。

(2) 兴趣的广阔性：指一个人兴趣范围的大小或丰富性的程度，也称兴趣的广度。兴趣的广度具有明显的个别差异。有的人兴趣十分狭窄，对什么都没热情，也不感兴趣；而有的人兴趣十分广泛。

(3) 兴趣的稳定性：指中心兴趣持续的时间或巩固的程度。有的人兴趣持久而稳定，这种人一旦对某种事物或活动产生兴趣，就始终保持而长期不变，还会一步一步地深入下去，达到迷恋程度；而有的人兴趣极不稳定，经常会对各种事物产生兴趣，但又不能持久，往往朝秦暮楚，见异思迁。

(4) 兴趣的效能性：指兴趣对活动产生作用的大小。兴趣对人的行动的动力作用有积极和消极两种。凡是对社会进步和个人身心发展起推动作用的，就是具有积极效能的兴趣；反之，就是具有消极效能的兴趣。如有的学生对上网很有兴趣，但主要用于玩游戏或聊天，影响了正常的学习和生活，这样的兴趣就是消极效能的兴趣。

作为一名医务工作者，一方面要以自己的专业为中心兴趣，刻苦钻研业务，才能事业有成，同时积极发展有利于自身素质提高的其他兴趣，丰富自己的精神生活。另一方面，也要重视患者的兴趣，主动引导、激发和培养他们对生活的兴趣，增强其对未来的信心，这对他们的病程转归是十分有益的。

三、人格心理特征

人格是个体各种稳定的心理特征的总和，而这些心理特征主要表现为能力、气质、性格等方面，习惯上将这些内容称为人格心理特征。

(一) 能力

1. 能力的概念　能力是直接影响活动效率，使活动得以顺利完成的个性心理特征。能力表现在人所从事的各种活动中，并在活动中得到发展。当然，能力与活动的关系并非是完全对应的，一种能力可能会对多种活动起作用，一种活动也会需要多种能力。许多社会活动是复杂多样的，往往需要多种能力结合才能顺利完成。例如，画家所具有的色彩鉴别能力、形象记忆能力等是保证其顺利完成绘画活动所具备的心理条件。多种能力的有机结合称为才能，而才能的高度发展称为天才。

2. 能力的分类　能力与活动关系密切。不同的活动对人提出的要求不同，从而导致

了能力多样性的产生。根据不同的标准,能力可分为以下几类:

(1) 一般能力和特殊能力:一般能力是指个体顺利完成各种活动所必备的基本能力。如观察力、记忆力、思维力、想象力、注意力等,抽象概括能力是一般能力的核心。平时我们所说的智力,指的就是一般能力的综合。

特殊能力是指从事某项专业活动所必备的能力,它是顺利完成某种专业活动的心理条件。一般分为动作能力、机械能力、核计能力、美术能力、音乐能力等。例如,音乐家区别旋律的能力、音乐表象能力以及感受音乐节奏的能力等,都属于特殊能力。

一般能力与特殊能力是有机地联系在一起的。一般能力是特殊能力的重要组成部分,为特殊能力的发展提供更好的内部条件;特殊能力的发展也有助于一般能力的提高。

(2) 模仿能力和创造能力:模仿能力是指人们通过观察别人的行为活动来学习各种知识,然后以相同的方式作出反应的能力。模仿是动物和人类的一种重要的学习能力。例如,子女模仿父母的说话、表情,影迷模仿演员的动作、服饰,儿童从字帖上模仿前人的书法等。模仿实际上就是一种复杂的操作条件反射的学习过程。

创造能力是指产生新的思想、发现或创造新的事物的能力。一个具有创造力的人往往能超脱具体的知觉情景、思维定势、传统观念和习惯势力的束缚,在习以为常的事物和现象中发现新的联系,提出新的思想,创造新的事物。比如,我国古代的四大发明,科学家爱迪生一生中的一千五百多项发明等。

(3) 流体能力和晶体能力:流体能力指在信息加工和问题解决过程中所表现的能力。如各种推理能力、形成抽象概念的能力等。它较少地依赖于文化和知识的内容,而决定于个人的禀赋,其发展随大脑的发展而发展、脑功能的衰退而衰退;晶体能力指获取语言、数学知识的能力,它决定于后天的学习,伴随个体终生发展,与社会文化有密切的关系。

(4) 认知能力、操作能力和社交能力:认知能力指人脑加工、储存和提取信息的能力,如观察力、记忆力、想象力等。它是人们完成活动的最基本、最主要的条件。操作能力是指人们操纵自己的肢体以完成各种活动的能力,如劳动能力、艺术表演能力、体育运动能力等。

社交能力是指人们在社会交往活动中所表现出来的能力,主要表现为人际关系敏感性、人际关系调整能力和自我协调能力。

3. 能力的个体差异　人的能力有大有小,智力水平有高有低。能力的差异可以从质和量两方面来分析,质的差异表现为能力类型的差异,量的差异则表现在能力的发展水平和能力表现年龄上的差异。

(1) 能力的类型差异:人的能力可以在感知觉、表象、记忆、言语、思维等方面表现出一定的差异。在每个人的智力结构中由于先天因素的差异,加上环境、教育、实践活动以及年龄等诸多因素的影响,从而形成了人与人能力上的差异。比如,我们常常看到有的人善于观察,有的人善于思考,有的人善于求同思维,有的人善于求异思维。能力类型的差异并不标志能力的高低,只能说明能力发展的倾向性不同。

(2) 能力发展水平的差异:各种能力的形成都有发展水平的差异,比如,智力的发展在整个人群中呈常态分布,即两头小,中间大。这说明非常优秀与智力缺陷者都处于两端,人数很少;而绝大多数人处于中间的不同层次水平上。在相同条件下,如果一个人在某种活动中表现出比别人高的成就表明其有较高的能力。与之相反,一些人的活动效果不好,一般表明其相应方面的能力较低。

(3) 能力表现的早晚差异:能力表现早晚上个体差异十分明显。某些人少年早慧,某些人则大器晚成。以成就的水平来评价,对人类作出突出贡献的杰出人物,智力表现早晚与其成就之间并没有多大关系。

 知识链接

能力表现的早晚差异

许多名人在幼年时期就显露其才华。李白"5 岁读 6 甲,10 岁观百家";杜甫"7 龄思即壮,开口咏《凤凰》";莫扎特 3 岁在钢琴上弹奏,5 岁开始作曲,8 岁试作交响乐,12 岁创编歌剧;控制论的创始人维纳,7 岁能阅读但丁和达尔文的著作,9 岁破格升入高中,14 岁大学毕业,18 岁就获哈佛大学哲学博士学位。

古今中外也有许多名人大器晚成。如姜子牙辅佐周武王,72 岁才任宰相;著名画家齐白石 40 多岁才表现出绘画才能;人类学家摩尔根发表基因遗传理论时已 60 岁了。

出现这种现象的原因很多,有的因所专攻的学术领域具有某种长期性,不能一蹴而就,需长期努力;有的因早期不够努力,后期加倍勤奋的结果;或者是某种特殊能力显露较晚等。

4. 影响能力形成与发展的因素 人的能力是在遗传素质的基础上、在后天环境与教育的影响下,在学习和实践活动中通过主观努力而逐步形成和发展起来的。

(1) 遗传素质:遗传素质是指人生来具有的某些解剖和生理上的特点,如感觉器官、运动器官、神经系统,特别是大脑的结构和功能特点。遗传素质是能力形成和发展的物质基础,但其本身并不等于能力,它仅提供了能力形成和发展的某种可能和前提。

(2) 环境因素:后天的生活环境是能力形成和发展的关键。儿童心理学研究表明,儿童出生后神经细胞在适应环境过程中迅速地发育成熟,对周围世界的积极探索具有相当惊人的反应和学习能力。缺乏刺激的环境对儿童的心理发展是极为有害的。如自幼与世隔绝的孩子其智力发育是不健全的。

(3) 教育作用:教育对能力的发展起主导作用。学生通过教师的传授与指导,学习并积累知识,掌握技能,从而形成和发展各种能力。尤其是良好的早期教育可以明显地促进智力的发展。美国心理学家布鲁姆(Bloom)通过追踪研究认为,儿童智力的发展如果把 17 岁时达到的智力看做 100,那么在 4 岁以前完成 50%,4~8 岁完成 30%,9~17 岁完成 20%。由此可以看出,教育作用与环境因素同样在智力发展较为迅速的幼年期影响较大。

(4) 社会实践:先天素质、环境及教育对个人能力发展的作用,必须通过社会实践活动来实现。社会实践对于能力发展的水平具有直接的决定意义,实践是能力发展的重要途径。爱迪生的创造发明都要经过了千百次的实验;显微外科医生对断指的成功再植,更是无数次刻苦实践的结果。

(5) 主观努力:如果缺少主观努力和勤奋,即使上述诸因素具有良好的优势,也无法使能力得以顺利发展并取得成就。"天才在于勤奋",同时,勤奋还能弥补某些能力的不足,从而使素质平平的人做出惊人的创举,通常所说"笨鸟先飞,勤能补拙"就是这个道理。

(二) 气质

1. 气质的概念 气质是表现在心理活动的强度、速度、灵活性与指向性等方面的一种稳定的心理特征,即我们平时所说的脾气、秉性。它与人的生物学素质有关。

气质是个人心理活动的动力特征,包括心理过程的强度(例如,情绪体验的强度、意志努力的程度)、心理过程的速度和稳定性(例如,知觉的速度、思维的灵活程度、注意力集中时间的长短)以及心理活动指向性特点(例如,有的人倾向于外部事物,有的人倾向于内心世界)等方面的行为表现。气质本身并不直接对个体的行为起推动作用,也不决定行为的发生和方向,它只是表现在心理活动与行为中的动力特点。

2. 气质的生理学基础及气质类型 气质类型是指在某一类人身上共同具有的典型气质特征的有机结合。古希腊名医希波克拉底认为人有四种体液,即血液、黄胆汁、黑胆汁和黏液。根据哪种体液在人体中占优势而将人的气质分为胆汁质、多血质、黏液质和抑郁质四种类型。这种分类虽缺乏生理学依据,但其名称符合实际生活中对人的气质的观察,故沿用至今。

巴甫洛夫用高级神经活动类型说解释了气质的生理基础。他通过动物实验发现高级神经系统活动具有强度、均衡性和灵活性三种基本特性。

强度是指大脑接受外界刺激的承受力和持久工作的能力。均衡性是指大脑兴奋过程和抑制过程力量的对比。灵活性是指兴奋与抑制过程相互转化的速度与能力。

这三种特性在个体上存在着差异,三者的不同组合就形成四种高级神经活动的类型,即强、不均衡而灵活的兴奋型,强、均衡而灵活的活泼型,强、均衡而不灵活的安静型和弱、不均衡、不灵活的抑制型。这四种高级神经活动类型的外部表现恰恰相当于古希腊学者对气质的分类,因此巴甫洛夫提出,高级神经活动类型是气质类型的生理基础(表 2-2)。

3. 气质的意义 气质是人格形成的条件之一,它体现了人格的生物学内涵。每个人都有一定的气质特征,它影响着人的实践活动。了解自己和他人的气质特征,对工作、学

表 2-2　气质类型、高级神经活动类型及行为表现特征

气质类型 （神经系统类型）	神经过程基本特征			主要表现特征
	强度	均衡性	灵活性	
胆汁质（兴奋型）	强	不均衡	灵活	精力充沛，动作有力，性格急躁，容易冲动，不易自制，体验强烈且外露
多血质（活泼型）	强	均衡	灵活	活泼好动，动作敏捷，善交际，注意易转移，兴趣易变换，情绪体验不深刻且外露
黏液质（安静型）	弱	均衡	不灵活	安静沉着，注意稳定，善于忍耐，自制力强，情绪反应慢，持久而不外露
抑郁质（抑制型）	弱	不均衡	不灵活	反应迟缓，敏感怯懦，情绪体验深刻、持久不外露，动作缓慢，易伤感孤僻，善观察小事细节

习和生活都具有十分重要的意义。

（1）气质不决定人的智力水平和社会价值：气质主要表现为心理活动的动力和方式，而不涉及其方向和内容。因此就一个人活动的社会价值和成就来说，气质无好坏之分。任何气质都有其积极面和消极面，具有任何一种气质的人都可培养和发展成为社会所需要的有用之才。例如俄国四位杰出的文豪：赫尔岑、克雷洛夫、普希金和果戈理就分别属于多血质、黏液质、胆汁质和抑郁质。

（2）气质影响人的适应性：在人的适应性方面，不同气质类型是有一定影响的，这对于职业选择和环境适应具有一定意义。如做演员要求外向、灵活、可塑性强，一般多血质气质类型的就比较合适。

（3）气质影响人的身心健康：情绪不稳定、易伤感、过分性急、冲动等特征都不利于心理健康，有些还是心身疾病的易感因素。

（4）气质特征是教育工作的依据之一：了解受教育者的气质特点，选择恰当的教育方式，有着十分重要的意义。由于受教育者气质特点不同，教育效果可能很不一样，这就要求教育方法个性化，实施"因材施教"。

（5）气质与临床工作：在临床工作中，分析观察患者的不同气质类型对做好临床工作十分重要。例如，对同样的疾病和痛苦，胆汁质者可能无所谓，多血质者可能面部表情非常丰富，黏液质者可能忍耐无声，而抑郁质者可能叫苦不迭、焦虑不安。通常，多血质的人因其比较乐观、健谈，对自身疾病的认识积极客观，故而医患之间较易沟通，语言劝导往往能够奏效。黏液质的人因情感不外露，且比较固执己见，对其要进行耐心细致的劝导，防止简单粗暴的说教。对胆汁质的人要特别注意晓之以理、动之以情，稳定其情绪，防止冲动行为的发生。而对抑郁质的人，关键是用积极的生活态度启发他们，从各方面对其多加关心，语言要谨慎，杜绝医源性的不良暗示。

(三) 性格

1. 性格的概念　性格是个体对客观现实稳定的态度以及与之相适应的习惯化的行为方式。性格是人格的核心部分,人的性格是在个体的社会实践活动中形成和发展起来的。一个人的性格不仅表现在他做什么,而且表现在他怎么做。比如,有的人工作勤恳认真,而有的人则敷衍了事;有的人待人接物慷慨热情,而有的人则吝啬冷漠。然而,并不是人对现实的任何一种态度都代表他的性格特征。同样,也不是任何一种行为方式都可以表明一个人的性格,只有习惯化了的行为方式,才能表明其性格特征。

2. 性格的特征　性格是十分复杂的心理现象,包含着各个侧面,具有不同的特征。这些性格特征在不同人的身上,组成了独特的性格模式。性格的结构有以下四方面的特征:

(1) 性格的态度特征:是指人对客观现实的稳固态度方面所表现的个体差异。性格的态度特征主要有三种:一是对社会、集体和他人的态度特征,例如,诚实、正直、有礼貌、大公无私,或者虚伪、粗鲁等;二是对学习、工作、劳动和劳动产品的态度特征,例如,有责任心或不负责任、勤奋或懒惰、认真细致或马虎大意等;三是对自己态度的性格特征,例如,自信或自卑、谦虚或骄傲等。这三种态度特征相互关联,彼此影响。

(2) 性格的意志特征:是指人对自己的自觉调节方式和调节水平方面的性格特征。在行为目的明确程度方面,有的人具有明确的目的性,有的人盲动蛮干;有的人具有独立的主见,有的人则易受他人的暗示。在对行为的自觉控制水平方面,有的人具有主动性或者自制力强,有的人具有依从性或者容易冲动。面对紧张或困难情境时,有的人沉着镇定或者勇敢、果断,有的人则惊慌失措或优柔寡断。

(3) 性格的情绪特征:是指人在情绪活动的强度、稳定性和持久性以及主导心境等方面表现出来的个体差异。在情绪的强度方面,有人情绪稳定,不易被控制;有人情绪微弱,易被控制。在情绪稳定性方面,有人情绪波动性大,有人则情绪稳定,心平气和。在情绪的持久性方面,有的人情绪持续时间长,有的人则稍纵即逝。在主导心境方面,有的人经常情绪饱满,处于愉快的情绪状态,有的人则经常抑郁低沉。

(4) 性格的理智特征:是指人在认识过程中的性格特征,主要指人在感知、记忆、想象和思维等认识过程中表现出来的认知特点和风格的个体差异。例如在感知觉方面有分析型和综合型、快速感知型和精神感知型、主动观察型和被动观察型。

另外,性格还表现了一个人的品德和世界观,具有丰富的社会性内涵,从伦理道德的角度讲,性格有肯定和否定的性质。如善良—凶残,诚实—虚伪,勇敢—懦弱,大方—吝啬。

3. 性格的类型　目前心理学对性格的分类主要有以下几种:

(1) 按心理活动的倾向性分型:心理学家荣格把人的性格分为外倾型和内倾型,也称外向型和内向型。①外倾型:性格开朗、活泼、热情、自信、善交际、勇于进取适应力强。②内倾型:注重内心活动,好沉思,善内省,孤僻寡言,缺乏自信,反应缓慢、多愁善感,较难适应环境。

（2）按心理过程的特点分型：①理智型，做一切事情都以理智支配和调节言行。②情绪型，个体的言行都受到情绪的控制和支配，情绪反应明显，体验深刻。③意志型，有非常明确的行动目标和较强的自制力，行为主动而且坚定。

（3）按独立性程度分型：美国心理学家威特金根据场的理论，以个体独立性程度将性格分为场依存型和场独立型。①场依存型：倾向于以外在参照物作为信息加工的依据，易受环境的干扰，常不加批评地接受他人意见，应激能力差。②场独立型：不易受外界事物干扰，习惯于利用内在参照即自己的认识，具有独立判断事物和解决问题的能力，应激能力强。

（4）按个体对心身疾病的易罹患性分型：①A型行为类型，争强好胜，有时间紧迫感、行为急促、有强烈的竞争意识、抱负过高、易激怒等，这种类型是易罹患冠心病、高血压等心身疾病的性格特征。②B型行为类型，悠然自得、随遇而安、行为迟缓、顺从安宁、说话声低等，这种类型是不易罹患冠心病、高血压等心身疾病的性格特征。③C型行为类型，过度压抑、忍耐、缺乏自信，对焦虑、忧郁、绝望等负性情绪体验过多，这种类型是易罹患癌症的性格特征。

4. 良好性格的培养　人的性格并非与生俱来的，是在遗传素质的基础上，通过后天的教育、环境影响、实践活动以及主观努力等因素的作用逐渐发生、发展和形成的。性格既有稳定性，也具有可塑性。有人说，习惯决定性格，性格决定人生。个体在成长过程中要重视良好性格的培养。

（1）树立正确的"三观"：人的性格归根结底还要受到世界观、人生观、价值观（简称"三观"）的制约与调节。世界观是人对事物的总的根本看法。人生观是对人生的意义、社会责任、生活态度、行为原则的基本观点。价值观是人对事物价值行动的评判标准。"三观"影响着人对事物的态度及行为方式，是个人行为的调节器，决定性格的发展方向。

（2）正确分析自己的性格特征：人贵有自知之明，对自己的性格特征要有正确的认识和科学的分析、评价，充分了解自己性格中积极的方面和消极的方面，明确哪些性格特征需要继续保持与强化，哪些性格特征需要优化和矫正，并在生活实践中不断调整和完善自己，逐渐形成良好性格。

（3）积极塑造良好性格：在塑造良好性格的过程中，注意做到以下几点：第一，保持心境开朗，学会有意识地控制和调节自己的情绪，建立积极正常的情绪生活。第二，加强意志锻炼，有意识地、主动地控制自己的外在不良行为，培养对挫折的耐受力，在挫折面前既不盲目冲动，也不消极低沉。第三，培养良好的生活习惯和行为习惯，习惯化的行为方式会构成不同个体在性格中的不同特征，有良好的习惯，才会有良好的性格。第四，提高思维能力，培养独立分析和解决各种问题的能力，培养良好的思维品质。

（4）勇于矫正自我性格弱点：每个人的性格都不是完美的，但要敢于面对自我，对缺点不文过饰非,善于矫正自己性格中消极的方面,不断进取,以积极的心态克服性格中的弱点使自我得到健康的发展。

四、自 我 意 识

1. 自我意识的概念　自我意识是对自己身心活动的觉察,即自己对自己的认识,具体包括认识自己的生理状况(如身高、体重、体态等)、心理特征(如兴趣、能力、气质、性格等)以及自己与他人的关系(如自己与周围人们相处的关系,自己在集体中的位置与作用等)。自我意识包括自我认识、自我体验和自我调节。其中自我认识是自我意识的认知部分,自我体验是自我意识的情绪成分,自我调节是自我意识的意志部分,是个体的自觉过程。它们组成了自我监督和调节的监控系统,调节着个体的心理活动和行为。

2. 自我意识系统　自我意识是一个复杂的认识过程,他既依赖于感知觉、记忆和注意,更依赖于语言和思维的发展,同时还伴随着个体情感和意志活动。所以,自我意识是一个具有三维结构的心理系统:自我认识、自我体验和自我调节。

(1) 自我认识:自我认识是主观自我对客观自我的认识与评价,自我认识是自己对自己身心特征的认识,自我评价是在这个基础上对自己作出的某种判断。正确的自我评价,对个人的心理生活及其行为表现有较大影响。如果个体对自身的评价与社会上其他人对自己的评价差距过大,就会与周围人们之间的关系失去平衡,产生矛盾,不利于个人心理上的健康成长。自我认识在自我意识系统中具有基础地位,属于自我意识中"知"的范畴,进行自我认识训练,要注重三个方面:第一,认识到自己的身体特征和生理状况。第二,认识到自己在集体和社会中的地位及作用。第三,认识到内心的心理活动及其特征。自我评价是自我意识发展的主要成分和主要标志,是在认识自己的行为和活动的基础上,通过社会比较而实现的。若自我评价能力不高,则对自己评价会过高或过低,造成自满或自卑。因此,要提高自我评价能力,学会与同伴进行比较作出评价;学会借助别人的评价来评价自己;学会一分为二地评价自己。自我评价是自我认识中的核心成分,它直接制约着自我体验和自我调控,所以,进行自我训练的核心应放在自我评价能力的提高上。

(2) 自我体验:自我体验是主体对自身的认识而引发的内心情感体验,是主观的我对客观的我所持有的一种态度,如自信、自卑、自尊、自满、内疚、羞耻等都是自我体验。自我体验往往与自我认知、自我评价有关,也和自己对社会的规范、价值标准的认识有关,良好的自我体验有助于自我监控的发展。进行自我体验训练,就是让人们有自尊感、自信感和自豪感,不自卑、不自傲、不自满,随着年龄增长人们懂得做错事感到内疚,做坏事感到羞耻。

(3) 自我调节:自我调节也叫自我监控,是自己对自身行为与思想言语的控制,具体表现为两个方面:一是发动作用,二是制止作用,也就是支配某一行为,抑制与该行为无关或有碍于该行为进行的活动。进行自我认知、自我体验的训练目的是进行自我监控,调节自己的行为,使行为符合群体规范,符合社会道德要求,通过自我监控调节自己的认识活动,提高学习效率。为提高自我监控能力,重点应放在由外控制向内控制转变上。有的人自我约束能力较低,常常在外界压力和要求下被动地从事实践活动,比如个别学生只有在教师要求做完作业后要检查的情况下,才会进行检查。针对这种现象,应学会如何借助于外部压力,发展自我监控能力。

本章小结

心理过程是指人心理活动发生、发展的过程。它包括认识过程、情绪情感过程和意志过程。它们之间是彼此联系、相互渗透、相互制约的。人们在认识客观事物的过程中,会产生相应的体验并引发相应的行为;同时,人们的情感和意志也将使认识活动得到进一步的深化。

认识过程是人对客观世界的认识和察觉,包括感觉、知觉、记忆、思维、想象、注意等心理活动。感觉、知觉是人脑对客观事物外部属性的直接反映,是认识的初级阶段;记忆是人脑对感知过的信息加工处理的过程;思维是用间接、概括的方式反映事物内在的规律性;想象是思维的特殊形式,都是认识的高级过程;注意是心理过程的伴随现象,存在于心理过程的始终。

情绪情感是人们对客观事物是否符合自己的需要而产生的态度体验。愤怒、快乐、悲哀、恐惧是人类的基本情绪;情绪状态包括心境、激情、应激;高级的社会情感有道德感、理智感、美感。

意志是自觉的确定目的,并根据目的来支配、调节自己的行动,通过克服困难,从而实现目的的心理过程。良好的意志品质包括自觉性、果断性、坚韧性和自制性。

人格也称个性,包括需要、动机、能力、气质、性格等,人格是在遗传基础上,社会化过程中形成的具有一定倾向性的、比较稳定的人格心理特征的总和。在一定意义上,人格不是独立存在的,而是通过心理过程表现出来的。

研究人的心理活动过程和人格,对于认识自己、分析自己、自我调节及将来的工作具有重要的意义。

(张小文)

目标测试

一、名词解释
1. 感觉
2. 知觉
3. 记忆

4. 思维

5. 人格

6. 性格

二、选择题

1. 我们用红笔将课文的重点内容勾画出来,是利用了知觉的

    A. 选择性　　　　　　B. 整体性　　　　　　C. 理解性

    D. 恒常性　　　　　　E. 个别性

2. 在记忆过程中不包括的是

    A. 验证　　　　　　　B. 保持　　　　　　　C. 识记

    D. 再认　　　　　　　E. 回忆

3. 医生根据病史、体检及各种必要的检查结果,最后为一名长期发热的患者确定诊断的过程是

    A. 感知　　　　　　　B. 注意　　　　　　　C. 记忆

    D. 思维　　　　　　　E. 想象

4. 思维的重要特征是

    A. 抽象性和创造性　　B. 深刻性和观念性　　C. 分析性和综合性

    D. 间接性和概括性　　E. 上行性和决策性

5. 想象的基本材料是

    A. 感觉　　　　　　　B. 知觉　　　　　　　C. 记忆

    D. 表象　　　　　　　E. 思维

6. 李同学大学毕业已有机会就业,可又想考硕士研究生,举棋不定,难以决断,心情焦虑,这属于

    A. 双避冲突　　　　　B. 双趋冲突　　　　　C. 行为冲突

    D. 情感冲突　　　　　E. 趋避冲突

7. “前有狼,后有虎”这种动机冲突是

    A. 双趋冲突　　　　　B. 双避冲突　　　　　C. 趋避冲突

    D. 双重趋避冲突　　　E. 双趋双避冲突

8. 遗忘曲线是哪位心理学家提出来的

    A. 冯特　　　　　　　B. 马斯洛　　　　　　C. 艾宾豪斯

    D. 弗洛伊德　　　　　E. 艾森克

9. 情绪是与何种需要相联系的

    A. 生理　　　　　　　B. 交际　　　　　　　C. 认知

    D. 安全　　　　　　　E. 自我实现

10. 胆汁质气质的人,其高级神经活动类型属于

    A. 强、均衡而灵活的活泼型　　　　　B. 强、均衡而不灵活的安静型

C. 强、不均衡而灵活的兴奋型　　　D. 弱、不均衡、不灵活的抑制型

E. 弱、均衡、灵活的灵活型

11. 王医生自从女儿考上某重点高校后,半年来兴致勃勃,觉得天格外蓝,花格外美,周围的人格外亲,工作再忙也不感到累。他的情绪状态属于

A. 激情　　　　　　B. 应激　　　　　　C. 冲动

D. 愉悦　　　　　　E. 心境

12. 人格的核心是

A. 气质　　　　　　B. 性格　　　　　　C. 能力

D. 需要　　　　　　E. 动机

13. 马斯洛需要层次论最高层次的需要是

A. 尊重的需要　　　B. 安全的需要　　　C. 自我实现的需要

D. 爱和归属的需要　E. 生理的需要

14. 按"需要层次论"人际交流的需要应属于

A. 尊重的需要　　　B. 生理的需要　　　C. 自我实现的需要

D. 爱和归属的需要　E. 安全的需要

15. 与 A 型行为关系最密切的疾病是

A. 溃疡病　　　　　B. 冠心病　　　　　C. 神经症

D. 癔症　　　　　　E. 神经质

16. 林黛玉的气质类型属于

A. 多血质　　　　　B. 黏液质　　　　　C. 胆汁质

D. 抑郁质　　　　　E. 兴奋质

17. 从情感范畴来看,爱国心是一种

A. 责任感　　　　　B. 情感　　　　　　C. 集体感

D. 道德感　　　　　E. 荣誉感

18. 保持在 1 分钟以内的记忆是

A. 形象记忆　　　　B. 瞬时记忆　　　　C. 短时记忆

D. 长时记忆　　　　E. 情绪记忆

19. 与人的生理需要满足相联系的态度体验是

A. 情感　　　　　　B. 心境　　　　　　C. 情绪

D. 激情　　　　　　E. 应激

20. 善于明辨是非,当机立断作出决定的品质是意志的

A. 自觉性　　　　　B. 坚韧性　　　　　C. 果断性

D. 自制性　　　　　E. 独立性

21. 一个有经验的医生,能够从 X 线片上看到不被一般人所观察到的病灶,属于意志的

A. 自制性　　　　　　B. 独立性　　　　　　C. 自觉性

D. 果断性　　　　　　E. 坚韧性

22. 下列不属于兴趣的特点的是

A. 兴趣的广度　　　　B. 兴趣的稳定性　　　C. 兴趣的效能

D. 兴趣的深度　　　　E. 兴趣的可变性

23. 一般认为,记忆的广度

A. 为 4 项目　　　　　B. 为 7±2 个项目　　　C. 为小于 5 个项目

D. 为 12 个项目　　　E. 是无限的

24. 通过思维,能从已知推断出未知,这说明思维具有的特点是

A. 直观性　　　　　　B. 形象性　　　　　　C. 间接性

D. 概括性　　　　　　E. 坚韧性

25. 心理活动或意识活动对一定对象的指向和集中是

A. 认知　　　　　　　B. 兴趣　　　　　　　C. 意志

D. 想象　　　　　　　E. 注意

第三章 | 心理卫生

03章

03章 数字资源

学习目标

1. 掌握：心理卫生的概念和心理健康的标准；妊娠期、儿童期和青春期心理卫生。
2. 熟悉：中年期和老年期心理卫生。
3. 了解：心理卫生运动的发展；优生及胎教；家庭、学校和社区心理卫生。

第一节 心理卫生概述

一、心理卫生的概念

心理卫生是指以有效的教育和措施，维护和改进人们的心理状态，去适应当前和发展着的社会环境。事实上，心理卫生就是运用心理学的理论和方法，从个体不同年龄阶段的心理特点和心理发展规律以及不同社会群体的心理问题出发，研究人的心理健康问题。心理卫生不仅能预防心理疾病的发生，还可以培养人的性格，陶冶人的情操，促进人的心理健康。心理卫生的核心是培养良好的心理素质，其重要手段是心理健康教育。

健康是人的基本权利，也是人生的第一财富。传统的健康观是"无病即健康"，现代人的健康观是整体健康。1989年世界卫生组织（WHO）提出"健康不仅是躯体没有疾病，还要具备心理健康、社会适应良好和有道德"。因此，人们不仅要注意饮食卫生、环境卫生以及生理卫生以保证身体健康，还必须注意心理卫生以确保心理健康。加强心理健康教育，普及心理卫生知识，将有助于促进个体心理健康发展，增强人们的社会适应能力，培养健全的人格，提高挫折的耐受力，防止和减少犯罪的发生，全面而有效地提高人们的心理健康水平。

二、心理健康的标准

心理健康的标准相对比较主观,心理学家从不同角度提出了各自的标准。美国心理学家马斯洛的十项心理健康的标准是被普遍所接受的标准:

1. 有充分的适应能力。

2. 充分了解自己,并对自己的能力做恰当的估计。

3. 生活目标切实可行。

4. 与现实环境保持接触。

5. 能保持人格的完整与和谐。

6. 具有从经验中学习的能力。

7. 能保持良好的人际关系。

8. 适度的情绪发泄与控制。

9. 在不违背集体意志的前提下,能做有限度的个性发挥。

10. 在不违背社会规范的情况下,个人的基本需求能恰当满足。

我国学者王登峰、张伯源教授在《大学生心理卫生与咨询》一书中详细介绍心理健康的八项标准:

1. 了解自我、悦纳自我。

2. 接受他人、善与人处。

3. 正视现实、接受现实。

4. 热爱生活、乐于工作。

5. 能协调与控制情绪,心境良好。

6. 人格完整和谐。

7. 智力正常。

8. 心理行为符合年龄特征。

第二节　优生与胎教

一、优生是人类健康的基础

出生缺陷是指婴儿出生前发生的身体结构、功能或代谢异常。出生缺陷约 30% 在 5 岁前死亡,40% 终身残疾,只有 30% 可以治愈或矫正。出生缺陷对于家庭、社会乃至国家都有较大的影响,因此,优生非常重要。

优生就是生一个聪明、健康的孩子,预防先天畸形和有遗传性疾病的孩子出生。优生是心理健康的基础,心理健康从受精卵开始。妊娠期是生命发生、发展的重要时期,胎儿能否正常发育,健康的小生命能否诞生,则取决于配偶的选择和母亲在妊娠期的卫生保健。

1. 配偶选择　禁止近亲结婚,不在狭小的区域内寻找配偶。近亲结婚,由于相同的致病基因多,子女患遗传性疾病的可能性就很大。地域越远的婚配,相同致病基因少,其后代患遗传性疾病的可能性也越小,他们所生的后代相对来说比较聪明和健康。

2. 生育年龄　最佳妊娠年龄为 23~28 岁。这一阶段胎儿生存率最高,流产率、死胎率、早产率和畸形儿率最低。选择这一年龄阶段妊娠,可以避免因为年龄太小生殖细胞发育不健全或年龄过大生殖细胞衰退而影响胎儿的生长发育(表 3-1 和表 3-2)。

表 3-1　孕妇年龄与先天愚型发生率的关系

孕妇年龄/岁	先天愚型发生率	孕妇年龄/岁	先天愚型发生率
25~29	1/1 350	40~44	1/100
30~34	1/800	45 以上	1/50
35~39	1/260		

表 3-2　母亲年龄与围产期胎婴儿死亡率的关系

母亲年龄/岁	孕后期死亡率/‰	早期新生儿死亡/‰	总计/‰
~19	21.7	10.2	31.9
20~24	11.7	5.7	17.4
25~29	10.6	5.2	15.8
30~34	13.2	6.1	19.3
35~39	23.1	9.7	32.8
40~	45.2	14.7	59.9

3. 婚前检查　婚前检查是保证优生的重要措施之一。通过婚前检查,可以发现一些异常情况和疾病,从而达到及早诊断、积极矫治的目的;还可以发现遗传性疾病和隐性遗传性生理缺陷,医生可对某些遗传缺陷作出明确诊断,规避风险。同时,向人们传播有关婚育健康的知识,进行健康婚育指导。

4. 孕前准备　受孕前 6 个月做好健康体检,尽量避免到污染严重或不卫生的场所,锻炼身体,增强体质,戒烟禁酒,进行营养储备,培养夫妻感情达到融洽而和谐,保持良好的身体状况和情绪状态。

妊娠期不良心理对新生儿发育影响

英国学者斯托特(Stodter,1973)在一项研究报告中指出,妊娠焦虑对儿童早期的发育有着显著影响。他访问了分娩后1个月的153位产妇,以后又由公共卫生护士对婴儿发育情况做了4年随访,结果发现,先天畸形、惊厥、体重不增或过分肥胖、行走或言语技能发展迟滞以及活动过度等问题严重的儿童,其母亲在妊娠期内经受过多的人际紧张,如多次同丈夫、公婆或邻居吵架等。孕妇的人际关系不佳或不良情绪状态等心理因素,对胎儿和新生儿影响极大,是婴儿出生后发育不良或患病的重要原因。

二、妊娠期心理卫生

妊娠期是胎儿生命发生、发展的重要时期。研究发现,母亲在妊娠期几乎所有重大的生理和心理变化都会影响胎儿。因此,个体的心理卫生应从孕期抓起。

1. 营养丰富、合理膳食　胎儿生长和发育所需的营养物质是通过母亲的胎盘汲取的,母亲的营养状况直接影响胎儿的生长发育。因此,妊娠期母亲要摄取丰富的营养,注重合理搭配膳食,食物中的蛋白质、维生素及钙、磷缺乏会影响胎儿脑的发育,同时还要避免营养过剩,脂肪的堆积过多影响分娩,也影响胎儿健康。

2. 情绪稳定、心情舒畅　研究表明,情绪波动,会影响内分泌,减少脑供血量,情绪不稳定导致发生难产及子痫的概率较高。因此妊娠期母亲要保持良好的心境和情绪的稳定,才能保证胎儿的正常发育。调节妊娠期母亲的心理及社会环境,为其提供最佳的心理卫生环境。

3. 戒酒戒烟、不滥用药物　吸烟、酗酒以及滥用药物对胎儿的健康有一定影响,严重者会导致胎儿畸形和智力低下。妊娠期间孕妇要尽量避免使用药物,必须使用药物时一定要在医生的指导下进行。

4. 防止 X 射线辐射、避免病毒感染　X 射线能引起基因突变,造成染色体异常。尤其是妊娠 2~6 周更为严重,应避免接受 X 射线辐射。许多病毒能损伤胎儿,如风疹、伤寒、梅毒和淋病等,妊娠期母亲应避免病毒感染,影响胎儿健康。

5. 定期进行产前检查　产前检查是指为妊娠期妇女提供一系列的医疗和护理建议与措施。通过产前检查,可以全面地了解孕妇及胎儿健康状况和异常情况,帮助孕妇消除顾虑,减轻痛苦。所以妊娠期母亲必须定期进行产前检查。

三、胎　　教

（一）胎教的概念
胎教是指有目的、有计划地为胎儿的生长发育实施最佳措施,利用胎儿的感觉对其进行多方面的刺激,促进胎儿大脑的正常发育。重视胎教是培养健全儿童的一项重要措施。

（二）胎教的方法
1. 音乐胎教　实验证明,频率为 250~500Hz,强度为 70dB 的音响,能引起胎儿心率的改变。一般认为可以从孕 16 周开始对胎儿进行音乐胎教,每日做 1~2 次,每次 15~20min,孕妇距音响 1~2m,响度 65~85dB。孕妇可选择一些明朗轻快的乐曲,并随着音乐进行自由情景联想,从而调节情绪,达到心旷神怡的意境,通过神经体液调节,将良好的情绪感受传递给胎儿,或者经孕妇腹壁直接给胎儿播放,以促进胎儿感官功能的发育。

2. 抚摸胎教　婴幼儿的天性是需要爱抚。对腹中的胎儿进行抚摸,可以激发胎儿活动的积极性,形成良好的触觉刺激,通过反射性躯体蠕动,以促进大脑功能的协调发育。具体做法是:孕妇先排空膀胱,放松腹部平卧,双手自上而下,从左到右,慢慢沿腹壁抚摸胎儿,就像在抚摸出生后的婴儿一样亲切,每日 5~10min 即可。但有早期宫缩的孕妇禁用。

3. 言语胎教　据医学研究证实,父母经常与胎儿对话,能促进其出生以后语言及智力方面的良好发育。建议父母在胎儿期就给孩子取一个乳名,父母要经常隔着腹壁呼唤并与之对话,或唱歌给胎儿听,要像对待已出生的孩子一样,带着感情与孩子进行交流,这样不仅能够增加夫妻间的感情,还能把父母的爱意传递给胎儿。

4. 运动胎教　运动胎教是指导孕妇进行适宜的体育锻炼,促进胎儿大脑及肌肉的健康发育,有利于母亲正常妊娠及顺利分娩。

第三节　个体发育不同阶段的心理卫生

一、儿童期心理特征及心理卫生

儿童期包括乳儿期、婴儿期、幼儿期和童年期。儿童期身心发展迅速,是认知、情感、意志和人格形成的关键时期。儿童期心理发展健康与否,对其今后身心发展具有持久而深远的影响。心理发展的关键期是指心理和行为发生、发展最为重要的时期,若这一时期失去相应的环境,以后即使再弥补亦不能再出现该种心理活动和行为。

（一）乳儿期心理特征及心理卫生
1. 乳儿期心理特征　乳儿是指出生至 1 岁的儿童。乳儿期儿童身心各方面都显著发展:神经系统的快速发育,条件反射日益增多,是动作发展最迅速的一个时期。从全身性的、笼统散漫的整体动作逐渐分化为局部的、准确的、专门化的动作,学会了翻身、坐起、爬行、站立、行走,会用双手并且手眼协调地玩玩具(图3-1)。情绪分化为积极与消极情绪,再进一步分化为喜悦、愤怒、惊恐、厌恶等情绪反应。

抬头　　　　　翻身　　　　　坐

爬　　　　　站　　　　　行

图 3-1　乳儿期动作发展

2. 乳儿期心理卫生

(1) 保证丰富的营养:许多研究表明,营养不良是造成智力障碍的原因之一。充分满足乳儿对营养尤其是蛋白质、核酸的需求可以促进神经系统的健康发育。提倡母乳喂养,母乳营养丰富,利于消化和吸收,含有抗体和胱氨酸,可增加乳儿免疫力,促进智力发展。同时,可以让乳儿获得情感上的满足,密切了母子之间的依恋关系,有利于乳儿的心理发展。

(2) 满足情感需求:乳儿期已经出现了强烈的依恋需要,依恋的缺乏对乳儿成长有不良影响。因此,父母应与乳儿建立起亲密的情感联系,增加与乳儿视、听、触摸、语言和情感的沟通,使乳儿获得心理上的满足,有助于神经系统的发育和情感的健康发展。比如经常抚摸、搂抱、轻拍孩子,以满足其"皮肤饥饿"。

(3) 进行感官、动作及言语训练:实验证明,经常给予乳儿色彩、光线、音乐等感官刺激,可明显提高乳儿的感觉动作能力,对促进其生理功能和心理活动的健康发展非常有益。如在天花板上拉起彩带,床的周围布置色彩鲜艳的图片,经常为乳儿播放优美的音乐等,都是对孩子视觉和听觉的训练。父母应该耐心地、不断地与乳儿进行言语交流,通过反复教孩子说话,唱儿歌、讲故事等促进孩子言语能力的发展。

(二)婴儿期心理特征及心理卫生

1. 婴儿期心理特征 婴儿是指1~3岁的儿童。这一时期,婴儿的动作发展非常迅速,行动有了随意性,手的动作发展迅速,如学会了用笔画画、扣纽扣、拿匙吃饭等。婴儿能积极地理解言语,如能听懂一些简单的故事,能说一些简单的词和句子。掌握了基本句型,言语的概括和调节作用开始发展,是口语发展的关键期。伴随着言语的发展,婴儿的自我意识也开始出现。婴儿期除了有简单的情绪,如喜、怒、哀、惧等反应之外,也出现了一些复杂的情感体验,如羞耻感、同情心、嫉妒心等。

2. 婴儿期心理卫生

(1) 断奶的心理卫生:断奶对婴儿来说是件非常重要的事情,可能会因为处理不当对婴儿的心灵造成重大精神刺激。因此,应注意选择合适的断奶时间、方式及季节。断奶过程要循序渐进,要有计划地逐渐减少哺乳次数,同时增加辅助食品,使断奶顺利进行。

(2) 感觉整合训练:大脑正常发育的关键是感觉整合训练,即同时进行五种以上的感觉刺激,特别是皮肤、前庭、肌肉、关节感受器的刺激,这就需要运动。可以通过爬行、滑板、秋千、平衡台、球类等运动刺激上述感受器以及视、听、嗅、味、内脏感受器,从而促进大脑正常发育。

(3) 口头言语训练:婴儿期与言语有关的中枢已发育成熟。婴儿期应多与婴儿进行语言沟通,鼓励婴儿说话。成人说话要符合言语规范,尽量少用或不用儿语和方言,以免影响婴儿标准化言语的发展。训练婴儿说话时要非常有耐心,并且要讲究方式和方法。

(4) 积极开发智力:婴儿期已经有了强烈求知欲和探究欲,他们什么都想了解,喜欢发问。这时的父母一定要有耐心,必须认真对待婴儿每一次的发问,切记不可胡编乱造地应付婴儿,或以深奥的科学知识给婴儿解释,应该深入浅出地、用婴儿能够理解的言语给出解释和说明。

(5) 培养良好的习惯:①睡眠习惯,训练婴儿独睡及定时睡眠,养成良好的睡眠习惯。睡眠对儿童身心发育极为重要,睡眠不足会引起烦躁不安、注意力不集中,影响身高发育等。②进食习惯,培养婴儿坐在餐桌前自己进食的习惯,这样可以锻炼婴儿手的灵活性,学会自己动手处理力所能及的事情,但要注意防止偏食、狼吞虎咽或边吃边玩。③卫生习惯,训练婴儿对大小便的控制及排泄等卫生习惯,一般从22个月开始为宜,训练时要耐心、和蔼,不要埋怨、斥责。④及时矫正婴儿期常见的不良行为,如跺脚、吮指、咬指甲、口吃等。

(三)幼儿期心理特征及心理卫生

1. 幼儿期心理特征 幼儿期指3~6岁的学龄前儿童。随着年龄增长,内抑制迅速发展,能调节自己的行动,但自我控制能力仍然较差。这一时期感觉迅速发展,3~4岁一般可辨认5~6种颜色,思维活动以形象思维为主。幼儿常在活动或游戏时自言自语,这是外部言语向内部言语转化的过渡言语,对思维的进一步发展起推动作用。言语中开始使用"我"这个代词,标志着自我意识的发展,进入"第一反抗期"。幼儿期情绪不稳定,以易变性和冲动性为特征,莫名其妙地兴奋、开心,又莫名其妙地难过、伤心。幼儿的社会性需要发展很快,社会情感得到发展,他们有了同情心,也有了初步的友谊感、道德感和理智感。总之,3~6岁是人格、情感和意志发展的关键期。在这个阶段要培养孩子良好的生活习惯、坚强的意志、与人交往的技巧以及诚实、善良的品质,这些都将使孩子受益终身。

2. 幼儿期心理卫生

(1) 开展丰富多彩的游戏活动:游戏是最符合幼儿期心理特点的活动,是促进幼儿认知、情感和意志发展的重要手段,是培养幼儿学习兴趣和劳动观念的重要方式,也是身心健康发展的重要途径。应该创造各种条件,根据幼儿的年龄特点设计和设置不同形式的游戏,让孩子安全地、愉快地做游戏,鼓励孩子们在一起玩,成人不必多加干涉。幼儿在参与游戏的活动中可以锻炼身体、学习知识、发展能力、学会合作与共处。

(2) 创建温馨和睦的家庭氛围:家庭是幼儿主要的活动场所。和谐民主的家庭氛围,对培养幼儿良好的性格、稳定的情感,形成美好的道德情操具有十分重要的意义。相反,家庭不和睦,父母争吵不休,会使幼儿无所适从、恐惧不安,尤其是离异、单亲家庭的孩子心理负面的影响更严重,容易造成幼儿退缩、自卑、好斗、攻击、违纪等不良行为。父母对孩子应关爱而不溺爱,过于娇惯,事事迁就,容易形成任性、自私、自我中心,或者缺乏独立性、胆小怯懦等不良性格特征,从而造成社会适应不良。

(3) 保护幼儿的自我意识:幼儿从3~4岁开始出现独立、自主的愿望,常要自行其是,此阶段他们显得不顺从,不怎么听话,心理学上称为"第一反抗期",这是幼儿自我意识发展的表现。过分保护和过分干涉都会影响幼儿独立性的发展,因此,父母要因势利导鼓励并帮助幼儿完成那些他们可以做到的事情,而不要事事包办或过分保护,更不能强行压制。要做到多表扬,少嘲笑和批评,无论孩子能否做好,对其发展都是有益的。

(4) 口头言语和书面言语能力的培养:幼儿期是培养口头言语表达能力、丰富词汇量、发展连贯性语句、完善句子结构的重要时期。因此,这一时期成人应该经常给幼儿讲故事,并要求幼儿复述,鼓励幼儿多听、多说、多看、多想、多问,以促进幼儿口头言语的发展。书面言语主要通过有计划地学习而形成,此期应该开始教幼儿认识一些简单的字、数字以及拼音,以促进幼儿书面言语的发展。

(5) 加强幼儿的社会化训练:幼儿期是个体社会化发展最重要的时期,为了让幼儿适应外部社会环境,促进其社会化的发展,应该鼓励幼儿与同伴进行各种游戏、交往,在这个过程中让幼儿学会合作、谦让、替他人着想、懂礼貌。幼儿园是幼儿社会化的开端,3岁应该送幼儿上幼儿园。在幼儿园里幼儿可以学会与小朋友、老师相处;学会独立完成各种任务;学会在游戏中扮演各种角色等。

(6) 正确对待孩子的过失:幼儿期儿童知识经验少,认识能力低,出现过失和错误是不可避免的。当幼儿出现错误时,家长要心平气和,耐心教育,讲清道理,让幼儿明白自己的过失和错误,以分清是非。打骂的方式易损伤幼儿的自尊心,形成不良的品质如说谎和胆怯等。父母对待幼儿的态度要一致,避免在幼儿面前发生冲突。

(7) 培养良好的习惯:①自己动手做一些力所能及的事情,如自己穿衣服、洗脸、洗手等。②培养诚实礼貌、乐于助人、关心他人的好品质,以体现自我价值。③学会独自处理一些简单的人际关系,如在客人面前应顺其自然地让孩子自己回答问题。④及时矫正幼儿期常见的不良行为,如遗尿,咬指甲,多动症,口吃,偏食和厌食等。

(四) 童年期心理特征及心理卫生

1. 童年期心理特征　童年期是指 6~12 岁的儿童,也被称为学龄初期。这一时期儿童开始接受正规教育,开始承担一定的社会责任和义务,他们的社会地位、交往范围、生活环境发生了巨大的变化,使儿童的心理产生了质的飞跃。其心理特征表现为:感受性不断提高,分析与综合水平开始发展。记忆能力由机械记忆逐渐向意义记忆发展。思维形式由具体形象思维向抽象逻辑思维过渡。想象力丰富,富有幻想。言语发展迅速,在这一时期进行大量书面言语的正规训练不仅促进了口头言语的进一步发展,而且促进了思维的发展。有意注意迅速发展,并能自觉集中注意力。情感的表现仍很外露、容易激动,但已经开始学着控制自己的情绪。性格开始形成。

2. 童年期的心理卫生

(1) 培养孩子入学适应能力:儿童在家或幼儿园的生活规律与学校大不一样,第一天上学或第一星期在学校里的心理感受,将会影响儿童后来很长时间对学校的情绪反应和态度,因此家长和学校应设置一个愉快、轻松、和谐的环境,使儿童顺利度过入学的初期阶段。愉快的学校生活有益于儿童身心健康发展,对培养儿童热爱学习,向往学校是非常有益的。如果儿童把上学视为精神负担,甚至产生"学校恐惧症",势必有害于儿童的身心健康发展,因此培养儿童入学的适应能力至关重要。

(2) 形成自信和勤奋的心理品质:埃里克森认为 6~12 岁是形成勤奋或自卑心理品质的时期,这对儿童一生的发展非常重要。家长和老师要注意与儿童建立起亲密友好的关系,使孩子体验到一种愉快感和幸福感。所设置的学习内容应是儿童感兴趣和容易接受的。对儿童的点滴进步,要及时给予表扬和鼓励。注重内部强化,即对学习过程本身带来的愉快感的强化作用,激发孩子的学习动机,培养学习兴趣,让孩子养成自觉学习的好习惯,形成自信和勤奋的品质。

(3) 发展认知能力:可以通过阅读培养儿童迅速地默读或有表情地朗读课文的能力,有助于提高语文水平和写作能力。在阅读的过程中,掌握一些记忆的方法,促进具体形象思维向抽象逻辑思维过渡。让儿童学会思考,是培养儿童想象力和理解力的重要方式,由此可促进儿童认知能力的发展。

(4) 培养良好的习惯:①培养良好的学习习惯,要求儿童上学不迟到、不早退、不旷课,上课专心听讲,积极发言,独立完成作业,自己整理学习环境。②培养集体意识,让儿童认识到自己是班集体的一员,班集体的荣誉就是自己的荣誉,要为集体争光,为集体做好事。③学会有始有终,教育儿童做任何事情都要持之以恒,不能半途而废。④学会替别人着想,不打扰别人。⑤培养儿童对家庭的责任心,学会做一些家务。

(5) 及时纠正不良行为:①逃学,要了解儿童逃学背后的原因,可能因为学习成绩不好,受老师批评,同学排斥,从而学习积极性下降,产生厌学甚至逃学,只有真正了解了逃学的原因,才能进行有效地纠正。②说谎,儿童自制力差,常因为贪玩忘了时间、忘了学习,又担心家长和老师批评,就采用说谎来"补救"自己的错误,如果发现儿童说谎,应给予说服教育,让他们感受到说谎带来的羞愧,在羞愧中慢慢纠正说谎行为。③偷窃,对贪图小利的行窃儿童要说服教育,切忌当众令其出丑,引起同学的嘲笑,伤害其自尊心,对寻求刺激的行窃儿童,要善于将他们的精力引导到积极的、有意义的事情上,培养他们的兴趣爱好,防止同伴间不良行为的影响。

知识链接

儿童心理发展的关键期

在儿童成长过程中,存在各种能力发展的敏感期。所谓敏感期,就是发展的关键期。儿童心理、教育专家蒙台梭利认为:"这是自然赋予幼儿的生命助力,如果敏感期的内在需求受到妨碍而无法发展,就会丧失学习的最佳时期。"

一些心理发展关键期列举:

0~2 岁	亲子依恋关键期
1~3 岁	口语学习关键期
4~5 岁	书面语学习关键期
0~4 岁	形象视觉发展的关键期
5 岁左右	掌握数概念的关键期
5 岁以前	外语学习的关键年龄
10 岁以前	音乐学习、动作能力掌握的关键年龄

二、青少年期心理特征及心理卫生

青少年期跨越 12~44 岁这一年龄阶段。青春期是 11、12 岁至 17、18 岁这一年龄段。发达国家个体进入青春期的年龄较早,发展中国家则稍晚些。

(一)青少年期的心理特征

青少年期年龄跨度较大,期间青春期心理发育非常关键,青春期是个体从儿童过渡到成年,逐步达到生理上和心理上成熟的阶段。青年心理学家霍尔(S.Hall)曾用"暴风

"骤雨"来描述青春期个体心理跌宕起伏、充满矛盾与冲突的特点。青春期心理特征可以概括为：①大脑神经系统迅速发育,脑功能基本健全,但还不能从事长时间的脑力活动,容易出现脑疲劳。②生理发育迅速,产生了性萌芽,并逐渐出现了性意识、性欲望及性冲动。③自我意识发生冲突,原来一体的自我意识分化为理想的自我与现实的自我。④情绪活跃,富有感染力,很容易动感情,但情绪不稳定,容易冲动,有了理智感、道德感和美感等社会化情感。⑤认知能力发生了质的变化,已从具体运算阶段发展到形式运算阶段,对事件会进行演绎和归纳。⑥兴趣广泛,社交范围扩大,但鉴别能力不足,容易沾染不良习俗。⑦逐渐形成了独特的个性及行为方式。⑧由于生理发育的迅速而心理发展的延缓,使身心发育出现不平衡。

(二)青少年期心理卫生

1. 促进自我意识的健全发展　青春期是心理上的"断乳期",在心理学上被称为"第二反抗期",这一时期最显著的特点就是自我意识迅速发展。随着年龄的增长,青春期的青少年与父母感情上的连接逐渐减弱,逐步成为一个独立的个体。他们强烈要求独立思考和选择自己的需求和行为,但是由于知识经验少,看待事物很片面,是非界限不分明,这样就容易和父母及老师产生对抗情绪。因此,作为父母及学校对待青春期的青少年最好不要事事过问,样样安排,又不能彻底放手不管,任其发展。尝试平等对待,力求相互信任,在尊重他们选择的基础上,加强引导和教育。

2. 科学地认识和正确地对待性意识　进入青春期后,由于第二性征的出现,使青少年逐渐开始产生接近异性的需求。进行合理的、科学的性教育十分必要。向青少年讲授科学的性知识、消除性神秘感、端正对性的认识,以积极的态度迎接生理上的变化。正确了解性生理、性心理以及性传播疾病(特别是艾滋病)等方面的知识。鼓励青少年多做户外活动,参加体育运动,早睡早起。加强意志训练,自觉避开不良诱惑,多参加有意义的活动,多阅读一些健康的文学作品和科学书籍,充实精神生活,学会将精力放在学习及奋斗目标上。

3. 激发学习动机、培养学习兴趣　青春期是学习的重要时期,学习问题也是青少年的主要压力之一。心理问题可干扰学习,影响学习效率,反过来,学习障碍又可诱发心理困惑,两者交互作用形成恶性循环。青春期的青少年常因学习兴趣不足、抱负水平不高、学习能力低下、情绪波动及同学关系紧张等心理因素导致出现学习障碍。要有针对性地给予青少年指导,让他们正确认识和对待这些问题,教会他们合理用脑和科学的学习方法,制订合适的奋斗目标,激发他们的学习动机,培养学习兴趣,发挥学习潜能,形成良好的学习氛围。

4. 关注心理健康问题　有资料显示,青春期心理问题的发生率在20%左右,主要表现在学习、人际关系、社会适应、性困惑和异性交往等方面。青春期的青少年自我控制能力较差,容易做出伤害自己、损害他人及社会的极端行为,造成社会适应不良。情绪波动强烈而不稳定,遇到满意的事情兴奋得手舞足蹈,稍遇挫折困难转眼间就会垂头丧气,情绪不稳定还会造成人际关系紧张。因此,要关注青少年期心理健康问题,广泛开展心理健康教育。鼓励青少年多接触品德好、爱学习、爱劳动的伙伴,多参加有益的集体活动,引导他们妥善处理好与父母、朋友、老师以及异性之间的关系。

三、中年期心理特征及心理卫生

中年期指45~60岁的年龄阶段,是人生中发展最成熟、经验最丰富、工作能力最强,为社会和家庭作出最大贡献的时期,也是社会负担、心理压力最大的时期。

(一)中年期心理特征

中年人体魄健全、精力充沛、心理成熟、知识经验丰富、善于思考,能够综合分析与客观判断事物,有着积极独特的见解,能灵活选择时机并决定努力的方向。情感趋于稳定,能够根据客观情境调控自己的情绪。意志耐受力强,能克服困难达成既定目标。中年期人格基本定型。此外,中年人面临着复杂、严峻的生活和工作环境。他们需要努力工作、抚养后代、照料老人,处理复杂的人际关系和社会关系,家庭负担和工作任务最重。由于他们具有强烈的成就欲和较高的抱负水平,在工作和生活中必然要付出艰辛的劳动,因此也承受着较大的心理压力。近年来,中年人的"亚健康"问题更为突出,英年早逝的现象时有发生。因此,应重视中年人的心理卫生问题。

(二)中年期心理卫生

1. 面对现实,量力而行　中年期要学会自我保护,每个人应根据自己的能力和水平去工作,切不可长期超负荷工作。中年期要根据实际情况重新规划自己的职业和生活,量力而行,尽力而为,学会分担。要善于用脑和合理用脑,正确处理生活、工作中的各种矛盾。正确面对现实,善于自我控制,自我调节。拥有宠辱不惊的心态,自我排遣不良情绪的能力,减少逆境对自己身心造成的损害,保持良好的心境和稳定情绪。

2. 保持良好的人际关系　人际关系紧张是中年期心理紧张的重要原因之一。在处理家庭问题,协调上下级以及同事之间的关系时,不苛求别人做什么,对别人的意见和态度能以开放的态度对待,克服虚荣、嫉妒、冲动、软弱、孤僻和过分内向的个性,能够促进良好的人际关系的建立。同时,正确看待自己的经济地位、工作环境和生活变迁等,培养出踏实、稳重、勇敢、坚韧与合作的个性,将有利于保持良好的人际关系。

3. 修身养性,定期检查　中年人是社会负担、心理压力最大的人群,更应该学会放松。适当的体育锻炼,能消除疲劳,强身健体。琴棋书画可陶冶情操,可以通过这些丰富的业余爱好充实精神生活,达到修身养性。良好的品行有利于保持身心健康。中年人的身体状况不容忽视,应该定期进行体检,保证及早发现问题,及时采取必要的诊疗措施。

4. 顺利度过更年期　更年期是从中年向老年的过渡期,也是个体从成熟走向衰老的过渡时期。女性一般为45~50岁,男性一般为55~60岁,男性症状比女性隐蔽,表现不一。由于生理上的变化会影响到心理,部分人会产生明显的心理反应,出现更年期综合征。因此要进行更年期健康教育,使之有充分的思想准备,并有意识地进行自我调节,将一些不良反应降到最低限度。另外,更年期的中年人应调整和把握自己的人生目标,保持心情稳定,生活规律,饮食有节,从而建立机体内外环境新的平衡。

四、老年期心理特征及心理卫生

一般将 60 岁以后的年龄阶段称为老年期。老年人是需要关爱的一代,关爱今天的老人,就是关爱明天的自己。

(一)老年期心理特征

人到老年,生理上会出现一些变化,如体型改变、内脏器官老化。同时,心理上也发生了巨大变化,对外界事物的认知能力下降,如抽象思维能力、理解力、判断力下降,使老人对微妙的差异变得迟钝。记忆力衰退,特别是近记忆力衰退。运动能力衰退。大脑及神经系统易发生病理现象,出现言语障碍和失语症。人格改变,习惯性心理非常牢固,表现为刻板、固执。当老年人面对退休、家庭变故(丧偶、丧子女)、经济不独立、生活困难等现实问题时,容易产生孤僻、自卑、固执、多疑等心理问题,应及时调整,否则将会影响老年人的身心健康。衰老是一种自然规律,但对于老年人来说,如何度过这人生的最后一段时间是非常重要的。

(二)老年期心理卫生

1. 正视现实,发挥余热 衰老是生物体不可抗拒的自然规律,社会角色的改变也是必然结果,但是很多老年人却很难十分客观、坦然地接受这一现象,产生衰老感。表现消沉、感到年迈体衰、失落感严重。老年人一定要调整心态,正视现实,定期体检,有病及早就诊,及时治疗,重新树立生活目标,追求新的志向和乐趣,继续发挥余热,从事力所能及的活动,把离退休后的衰老感降到最低程度。

2. 合理用脑,积极活动 适当的脑力劳动和体育活动,可延缓脑功能和躯体功能的衰退。懒于动脑,不爱思考只能加快衰退的进程,积极参与有益于心身健康的文体活动,如散步、练拳、慢跑、做操、跳舞等,不但可以防病治病,延缓衰老,而且可以维持人体代谢平衡,增强体质。生活要有规律,起居有常,不熬夜、不过劳、不吸烟、不酗酒。饮食有节,营养合理,坚持体育锻炼,力求身心健康。

3. 重建人际关系,创造愉快心境 研究表明,经常与社会保持必要的接触、同自己的家人在一起生活的老年人,往往可以保持自己的智力水平,而且情绪稳定。离退休后,应在晚年生活中结交新朋友,及时获取新信息,保持年轻的心态。妥善处理家庭关系,和睦相处。善于控制情绪,保持乐观的心情。凡事不多计较,做到遇事不急躁、不惊恐、不过分伤心也不过度兴奋,使自己生活在轻松、愉快、和谐的氛围中。

4. 发挥社会支持系统的作用 随着人民生活水平的提高,住房条件的改善以及家庭养老功能的逐渐弱化,"空巢"家庭大量产生。因此,政府、单位、社区、邻里、子女,亲友等都应对老人多加关心和支持,为他们建立起广泛的社会支持系统,形成尊老、敬老、爱老、养老的社会风气,满足老人的物质和文化需要。发展养老服务事业,建立老年公寓、老年病院、老年门诊,方便老年人的生活和保健需要。不断丰富老年人的精神文化生活,为老年人开辟娱乐场所,在报刊、电视、电台的节目中增添老年人所喜爱的内容,指导老年人过好晚年生活。此外,还要加强老年人的社会保险和法律保护,为维护老年人的合法权益,使之享受天伦之乐,保证老年人安度晚年。

第四节　群体心理卫生

群体是指有某些相同的心理、文化因素而以特定的方式组合在一起进行活动且相互制约的人群的共同体。每个人总是以不同的社会角色出现在家庭、学校、社区等各种群体之中,他们在群体中均承担一定的角色和任务,有共同的目标和利害关系,有一定组织结构,并时时受到各种群体所施予的影响,群体心理卫生对个体心理卫生具有十分重要的意义。因此,研究不同群体的心理卫生非常必要。

一、家庭心理卫生

家庭是最基本的社会群体,也是每个人最先接触的群体,是人一生中生活维系最久的场所。家庭心理卫生对每个人的成长以及身心健康有重要意义。因此,每个家庭都要重视家庭心理卫生,家庭心理卫生的中心课题是家庭教育和家庭关系。

(一)家庭教育

家庭教育是家庭的重要功能之一,它通常是指父母或其他年长者在家庭中对年轻一代所施行的教育,它既是一种有目的、有计划地传授社会经验和发展智力的方式,也包括年轻一代在生活过程中言语、行为、思想、品德等方面的相互影响、交流、渗透与模仿。家庭教育对年轻一代的心理卫生起着十分重要的作用,在这个过程中,家长必须做好三方面的工作:①全面了解孩子的生理、心理方面的特点,制定有针对性的措施,促进孩子人格的健全发展。②加强自身修养,为孩子创造一个团结、和睦、民主的家庭氛围,使他们获得丰富多彩的生活。家长以身作则,培养孩子尊老爱幼、爱学习、爱劳动、乐于助人的良好品德。③经常同孩子交流沟通,增进了解,增加感情。

(二)家庭关系

家庭关系主要由夫妻关系、亲子关系组成。家庭关系是否融洽、家庭成员关系是否协调,影响着每位成员的身心健康。

1. 夫妻关系　婚姻的缔结和家庭的组成,就产生了对配偶、子女、双方父母的社会责任和道德义务。学会尊重、爱护、照顾家人,把自己的幸福与家庭的幸福凝集在一起,是家庭心理卫生的重要原则。家庭作为一个特定的群体,群内成员会产生各种矛盾和纠纷,应及时处理避免引起心理问题,尤其是夫妻之间。因此,培养夫妻感情至关重要,健康的夫妻关系表现在:善于正确对待双方的差异,自觉调整生活方式,逐渐建立起共同的行为方式。善于彼此赞赏,从对方身上汲取优点,懂得回避一些会给对方感情带来伤害的言语,给对方传递积极健康的情绪。对待家庭经济支配、赡养父母、养育子女等权利义务方面的问题能民主而妥善地处理。夫妻双方要不断为实现美好生活而努力,从社会交往中汲取营养,丰富家庭生活情趣,保持家庭生活和谐、幸福、美满。

2. 亲子关系　亲子关系是指父母和子女之间的相互关系,是家庭心理卫生的重要方面。人生的发展,亲子关系可分为三个阶段:第一阶段是儿童期,依恋父母;第二阶段是青少年初期,反抗父母;第三阶段是青少年中后期,眷念父母。随着年龄的增长,儿童期视父母之命为遵的情况有了变化,两代人心理上出现了差异,父母与子女之间的亲子关系严重影响其身心健康。研究表明,影响子女心理卫生的家庭因素有:

(1) 不美满的家庭:家庭中父母亡故、离异或长期分居,父母关系不和或父母与孩子长期分离,使孩子失去亲情的温暖,承担没有关爱的痛苦,这样就会造成孩子情绪不稳定、人格不健全、人际关系不良,以致阻碍和扭曲孩子的身心发展。研究表明,不美满的家庭是造成儿童、青少年心理障碍、行为不良的主要因素。

(2) 不当的教养方式:父母是孩子的第一任老师。父母不当的教养方式往往会带来不良影响。如对孩子过分唠叨,会使孩子厌烦、逆反;过分溺爱,会使孩子自我中心;过分严厉,会使孩子变得自卑、胆怯、或充满怨恨;对孩子期望过高,会使孩子压力过大。当孩子感到压抑或不满时,会以反抗的形式表现出来。研究表明,青少年犯罪、儿童学习困难等心理行为问题均与父母不当的教养方式有直接关系。

(3) 家庭背景:主要指家庭气氛、职业、经济与社会地位以及家庭住宅环境等。一般来说,家庭经济状况良好,则孩子的需求容易得到满足,生活有安全感。但也有可能养成骄奢的习惯,缺乏意志力。家庭经济状况不良,有助于养成进取和吃苦耐劳的精神。但当孩子的需求不容易得到满足时,容易产生自卑、胆怯的心理。家庭住宅过于狭小,既无活动空间亦无读书场所,对孩子的学习活动不利,易导致心情压抑、烦躁。

(4) 代际冲突:又称“代沟”,是指父母子女之间在价值观念、生活态度、情感活动及行为方式等方面存在差异而产生的矛盾冲突。代沟是客观存在的,这是因为两代人生长环境及生活经历不同,扮演的角色不同,社会期望不同,生理心理的发展水平不同,需求也不同。这些不同必然会导致两代人对事物认识态度方面的矛盾和冲突。因此,家庭心理卫生的重要内容就是:研究如何进一步促进代际交流,增进理解,做到相互支持与关爱。

二、学校心理卫生

学校是一个特定的社会群体,学校生活是人一生中极为重要的一个时期。学校是除家庭之外培养健康情绪、健全人格的重要场所。学校由学生和教师组成,学校心理卫生重点讨论学生和教师的心理卫生问题。

(一)学生心理卫生

1. 开发智力潜能　学生心理卫生的工作重点是学生智力的开发。应做到:①科学安排教育活动,注意学生用脑卫生,劳逸结合。②从德、智、体、美、劳全方位去发展和评价每个学生的优劣,使学生在活动中充分表现和发挥自己的才能。③创造具有科学性、灵活性和轻松愉快的学习环境和学习氛围,调动学生积极性,引导学生主动探究。④传授给学生科学的、有效的学习方法,减少学习的盲目性。

2. 培养健全的人格　培养学生健全人格要做到:①了解学生的身心发展特点,开展适合身心发展的文化和娱乐活动。②保持良好的师生关系,教师对学生要一视同仁。③重视校园文化建设,树立良好校风、班风和学风,形成民主平等、团结互助、遵章守纪的心理氛围。④培养健康稳定的情绪、积极乐观的性格,建立良好的人际关系,妥善处理好与异性之间的关系。⑤克服心理冲突,及时矫正不良行为。把学生培养成具有健全人格,良好社会适应能力和身心健康的人。

(二)教师心理卫生

教师是学校教育工作的关键,教师的人格和心理健康状况会潜移默化地影响学生的心理和行为。教师人格健全,适应良好,情绪反应适度,能与学生建立融洽友好的关系,对促进学生心理健康发展会有积极的影响。反之,教师缺乏健全的人格,赏罚无度,喜怒无常,或冷漠或严厉,就容易引起学生情绪困扰,适应不良,甚至发生心理障碍。因此,教师的工作不仅在于传授知识,更在于塑造人格。此外,教师的心理健康还直接影响到教师自身的身心发展、生活、工作和事业,影响到自己的家庭、同事、朋友等。因此,教师的心理卫生尤为重要。教师的心理卫生可以从以下几个方面入手:一是为教师创建轻松愉快、和谐向上的学校氛围。二是切实减轻教师的工作负担,提高教师的社会和经济地位。三是在全社会形成尊师重教的良好风气,关心教师的心理卫生,促进教师的身心得到健康发展。

三、社区心理卫生

(一)社区的概念

社区是指一个具体的地理范围和行政管理区域,是由一群具有归属感、认同感和近距离的居民组成,遵循相同的规则,相互交往,分享社区内的各种资源。例如市、区、街道、县、乡镇、工厂、机关、学校等。现代社会认为,社区有五个要素:人口、地域、生活服务设施、文化背景和生活方式,生活制度和管理机构。社区心理卫生是指卫生及有关部门向社区居民提供预防、咨询、治疗、康复、健康教育等一系列心理卫生保健服务。

（二）社区心理卫生工作原则

1. 责任地段原则　这一原则强调按地域成立组织，以社区人群心理健康作为工作目标。每个区域为 7 万~20 万人口。

2. 整体服务原则　强调住院治疗、急诊、危机处理、联络会诊与咨询、康复指导、随诊、住院前后准备、健康教育、专业人员培训及科研等全套综合服务。

3. 连续服务原则　强调对社区居民一生的各个阶段提供全程的心理卫生保健服务。要求社区内心理卫生组织和医务人员将预防、治疗、康复作为一个完整系列对待，保证患者从住院前到住院中、出院后受到接力式的照顾。当患者在跨社区活动时也能享受到社区与社区的关系传递而不中断地得到照顾，要求社区内各部门联络畅通。

4. 预防为主的原则　社区心理卫生的最高目标是预防心理疾病的发生、维护和保障社区人群具有健康的心理和良好的适应能力。

5. 教育性原则　社区心理卫生是指向社区全体人群的，而多数人不是精神病患者，主要任务不是治疗问题，而是针对个体或群体实施心理健康教育。因此，健康教育成为社区心理卫生的基本原则之一或工作任务之一。

6. 群众性原则　社区心理卫生需要心理学专家或心理医生，但他们只是指导和帮助者，不能包揽一切。社区心理卫生需要各界协助，需要社区的每个公民参与。

（三）社区心理卫生的机构与工作内容

1. 社区心理卫生的机构　社区心理卫生的机构有社区心理卫生中心、精神病疗养院、综合医院的精神科、初级保健站、心理咨询机构、家庭医生等。

2. 社区心理卫生中心的工作内容　社区心理卫生中心是社区心理卫生工作的中枢，是计划、管理、培训、教育、治疗指导的中心站。一般由临床心理学者、精神科医生、社会工作者、护士、教育工作者、行政管理人员组成。社区内的各个心理卫生机构的医护人员、心理咨询从业者都应承担心理卫生工作。其工作内容有：

(1) 社区心理卫生的流行病学调查，对重型精神疾病患者的社区管理。

(2) 开展急诊和危机干预，如对家庭生活中的严重冲突和重大刺激引起的心理危机的干预。

(3) 开展门诊服务，派人巡视和指导家庭病房工作，开展家庭心理治疗。必要时应提供上门服务，如对精神疾病的预防、慢性病患者的照顾和康复；对儿童、老年的心理卫生的服务。

(4) 提供婚姻、就业、学习、人际交往等各种健康人常遇到的应激事件所引起心理困扰和心理问题的心理咨询服务。

(5) 利用各种媒介开展对社区居民的心理健康教育，指导家庭心理卫生，有条件的社区积极培养居民心理卫生骨干，协助服务于社区居民。

本章在了解心理卫生概念的基础上,介绍了个体发育不同阶段的心理卫生及群体心理卫生。重难点是心理健康的标准,青少年期心理卫生。

心理卫生是指以有效的教育和措施,维护和改进人们的心理状态,去适应当前和发展着的社会环境。心理健康的标准是了解自我、悦纳自我;接受他人、善与人处;正视现实、接受现实;热爱生活、乐于工作;能协调与控制情绪,心境良好;人格完整和谐;智力正常;心理行为符合年龄特征。

在个体发育不同阶段有不同的心理特征及心理卫生。优生是人类健康的基础,也要注意妊娠期心理卫生及胎教。儿童期是心理发展最快的时期,1~3岁是口头语言发展关键期;3~7岁是人格、情感和意志发展的关键期。青少年期特别是青春期是个体从儿童向成年过渡,逐步达到生理和心理上成熟的时期。中年期和老年期也要注意心理卫生,合理安排生活和工作,以保持身心健康。每个人都生活在一定的社会群体之中,不仅要讲究个体心理卫生,还要讲究群体心理卫生。家庭心理卫生要注意夫妻和亲子关系。学校心理卫生要注意学生和教师的心理健康。

(罗新红)

 目标测试

一、名词解释

心理卫生

二、选择题

1. 心理卫生不能

    A. 预防心理疾病的发生

    B. 培养人的性格

    C. 陶冶人的情操,促进人的心理健康

    D. 让人不生任何疾病

    E. 培养良好的心理素质

2. 下列哪项不是心理健康的表现

    A. 尽可能地发挥自己的个性   B. 有充分的适应能力

    C. 能保持人格的完整与和谐   D. 能保持良好的人际关系

    E. 能适度的情绪发泄与控制

3. 心理卫生中确定的最佳生育年龄是

    A. 18~25 岁   B. 22~23 岁   C. 23~28 岁

D. 25~30 岁　　　　　　　E. 28~35 岁

4. 幼儿期儿童的主导活动是

    A. 饮食　　　　　　B. 睡眠　　　　　　C. 看电视

    D. 游戏　　　　　　E. 学习

5. 第一反抗期发生的时间大约是

    A. 2 岁　　　　　　B. 3~6 岁　　　　　　C. 7~8 岁

    D. 9~12 岁　　　　　E. 13~14 岁

6. 儿童口头语言发展的关键期是

    A. 乳儿期　　　　　B. 婴儿期　　　　　　C. 幼儿期

    D. 童年期　　　　　E. 儿童期

7. 自我意识第二次飞跃发生在

    A. 幼儿期　　　　　B. 童年期　　　　　　C. 青春期

    D. 青年期　　　　　E. 更年期

8. 关于更年期说法错误的是

    A. 更年期是从中年向老年的过渡期

    B. 更年期是个体从成熟走向衰老的过渡时期

    C. 女性一般为 45~50 岁,男性一般为 55~60 岁

    D. 男性症状比女性隐蔽

    E. 男性没有更年期

9. 家庭关系主要的组成是

    A. 夫妻关系、亲子关系　　B. 母子关系、父子关系　　C. 夫妻关系

    D. 亲子关系　　　　　　　E. 姊妹关系

第四章 | 心理应激与心身疾病

04章 数字资源

学习目标

1. 掌握：心理应激与健康的关系；心身疾病的致病因素。
2. 熟悉：心理应激的概念；应激源的概念及分类；应对应激的方法；心身疾病的概念。
3. 了解：应激反应；临床常见的心身疾病。

第一节 心 理 应 激

案例

孙某，女，62岁，丧偶3年，退休。退休后来到儿子家居住，本来认为可以和儿子一家享天伦之乐，可是没想到每天儿子、儿媳上班、孙子上学，自己在家一待就是十几个小时，和周围的人交流也比较少，近两个月还出现了头晕、心烦、郁闷、睡眠障碍等症状，来医院就诊。

请问：孙某出现头晕、心烦、郁闷、睡眠障碍等症状的原因有哪些？

一、心理应激的概念

应激是自然界的普遍现象。"应激"一词来自英文 stress，即紧张、紧张状态或压力状态等。1936 年加拿大生理学家塞里（Selye）将这个词用于生物学和医学领域，并创立了应激学说，改变了这个词的传统用法，不再把它看成是简单的紧张、紧张状态或压力状态等，而是将其拓展到紧张、压力在人类和动物机体上引起的一系列的心理生理变化。

心理应激是指当个体觉察到需求和满足需求的能力不平衡时所表现出的心身紧张性反应状态,其结果就是适应或者适应不良(图4-1)。

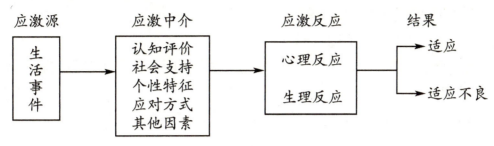

图 4-1　心理应激过程示意图

随着社会的发展,生活节奏加快和社会竞争日益加剧,个体适应困难,导致持续性的心理紧张,继而带来心身疾病。如何应对压力,缓解紧张情绪,减少心身疾病,是心理学关注的重要命题。

知识链接

汉斯·塞里(1907—1982)

汉斯·塞里是一位奥地利裔的加拿大生理学家。他由于阐述了被称作压力的人体紧张状态这一概念而著称。他对内分泌腺的研究,使得他对疾病的本质和影响以及人体对生命中出现的问题和事件的反应有了新的理解。他的医学研究向人们展示出了如何能让身体适应不同的不良环境。

二、应激源及其分类

应激源是能引起应激反应的各种刺激。心理应激的应激源既可以来自外界环境,又可以来自机体自身。应激源的种类很多,可以从不同的角度分类。

(一)按应激源主体的属性分类

1. 躯体性应激源　应激源直接作用于躯体产生刺激作用,包括各种理化和生物性刺激物。如温度变化、强烈噪声、创伤、感染和疾病等。这类应激源既可以引起生理上的反应,也可以引起人的心理反应,从而导致心理应激。

2. 心理性应激源　心理性应激源是指来源于人们头脑中的信息,直接影响个体心理需求。首先包括认知障碍和情绪波动。如各种心理冲突和挫折、不切实际的过高期望、不良预感等。其次包括不符合现实的认知评价以及长期生活经历造成的不良人格。如偏执、多疑、抱怨、自负、自卑等。

3. 社会性应激源　指来自社会各方面的刺激,是最普遍的一类应激源,包括重大的生活事件和日常生活中的小困扰两大类。

4. 文化性应激源　文化性应激源是指因语言、风俗习惯、生活方式、信仰等改变所造成的刺激,是一种深刻而持久的应激源。

（二）按照应激源主客观属性分类

1. 主观应激源　指个体主观产生的以及个体主观因素和个体客观因素相互作用后的产物。如个体家庭经济紧张、人际关系不良等。

2. 客观应激源　是不以人的意志为转移的,客观存在的刺激。如自然灾害、生老病死等。

（三）按应激源对个体的影响分类

1. 正性的应激源　指那些使人心身愉悦的刺激。如中奖、升迁等。

2. 负性的应激源　指那些对个体起消极作用的刺激。如丧偶、生病等。

三、应 激 反 应

应激反应就是个体觉察到应激源的威胁后,产生的各种心理、生理的变化。应激反应可分为急性应激反应和慢性应激反应。

（一）应激的心理反应

1. 认知反应　轻度的应激可以提高感知觉能力,活跃思维,提高认识能力。而过强的应激则会对认识能力产生不良影响,可导致感觉过敏、知觉异常、思维混乱、自知力下降、自我评价能力下降等。应激引起认知反应改变的原因:一是强烈的焦虑情绪和冲动行为,破坏了人们心理上的稳定状态;二是与不能恰当使用自我防御机制有关,妨碍和歪曲了对应激源的认识。

2. 情绪反应　个体在应激时会出现情绪反应,不同的个体、不同的应激源等许多因素都影响着情绪反应。常见的情绪反应有以下几种:

（1）焦虑:焦虑是心理应激条件下最普遍的一种心理反应,是个体预期要发生某种不良后果时产生的一种紧张不安的情绪状态。适当的焦虑可以唤起人对应激的警觉,有利于人们采取行动,以适当的方式应对应激。如果焦虑过强过久,则会产生不良影响,它会妨碍人的智能正常发挥,影响人们准确地认识、分析,致使不能有效应对应激。

（2）恐惧:如果焦虑是个体预期要发生某种不良后果时产生的一种紧张不安的情绪状态,那么恐惧则是对明确的威胁或危险情境所产生的害怕感,常伴有逃避倾向。如"谈虎色变"是焦虑的情绪反应,而见到老虎拔腿就跑则是恐惧的情绪反应。

（3）愤怒:愤怒多见于一个人在追求某一目标的道路上遇到挫折,产生的情绪反应。常伴有攻击行为。轻度的愤怒,有助于克服困难;过度愤怒可使人丧失理智、自控能力下降从而导致不良后果。

（4）抑郁：是一组消极的情绪反应，出现情绪低落、悲观失望、失助绝望、自卑等症状，并伴有睡眠障碍、食欲下降等多种躯体症状。严重的抑郁可有轻生的念头。故对有抑郁情绪的患者，一定要注意其情绪反应，如有轻生的消极倾向，应积极采取措施加以防范。

3. 行为反应　行为反应与情绪反应有密切的联系。行为反应可根据有或无骨骼肌的活动分为两种类型：

（1）"战"或"逃"反应：这类反应以明显的骨骼肌活动为标志。当一个人遭到突然袭击时，可能会搏斗反击，也可能落荒而逃，前者与愤怒情绪有关，后者与恐惧情绪有关。

（2）"保存-退缩反应"：这类反应不伴有骨骼肌的活动，表现为抑制、服从、归顺、讨好等，通常与悲伤、抑郁情绪有关。

（二）应激的生理反应

1956 年，加拿大生理学家塞里对应激反应做了深入的研究，把应激反应分为三个阶段，每个阶段都伴随着生理变化。一是警觉阶段，这一阶段机体发现了应激源的威胁，生理上处于警觉、准备战斗阶段。表现为心率加快，呼吸加快，血糖升高，血压增高、出汗、体温上升等症状。二是搏斗阶段，这一阶段投入到对待应激的阶段，或消除应激，或适应应激，或退却。这一阶段生理、生化指标在表面上恢复正常。但这是一种被控制状态下的表面现象。三是衰竭阶段，这一阶段机体的生理和心理能量几乎耗尽，最后"精疲力竭"。这时疾病和死亡随时可以发生。

应激的生理反应中，神经系统、内分泌系统和免疫系统都起着重要的调节和控制作用。总之，严重的应激反应可引起机体神经系统、内分泌系统和免疫系统的紊乱、失衡，以至于发生病理性改变（图 4-2）。

（三）影响应激反应的因素

在日常生活中，应激事件普遍存在，难以避免。面对应激有的人产生强烈的反应，甚至发生疾病；有的人却能乐观对待，在应激环境中适应良好，不出现任何健康问题。由此可见，从应激源到应激反应这一过程中，是否发生应激反应，应激反应的强度如何，还与诸多因素有关，这些因素被称之为应激的中介机制。

1. 认知评价　认知评价就是个体对应激源的性质、程度和可能的危险作出评估。由于人的文化教育程度、价值观念、行为准则不同，所以对事物的认知、评价、体验等也存在很大的差异。如同样对生病这一应激，有的人认为它是大难临头而焦虑抑郁甚至轻生；有的人却认为生老病死是人之常情，而更加珍惜生命，热爱生活，不表现消极的情绪反应。

2. 应对方式　能合理地运用心理防御机制，准确估计自己的应对能力，选择恰当的方式应对应激。如某运动员在比赛时严重受伤，但他并没有从此一蹶不振，而是力所能及，做了一名教练，培养了大批的优秀运动人才。

3. 生活经历　人生不如意事十有八九，生活经历即意味着吸取经验和教训。同样的应激源，当第二次面对时，心理应激的强度一般要比第一次小。因为有了上次的经验和教

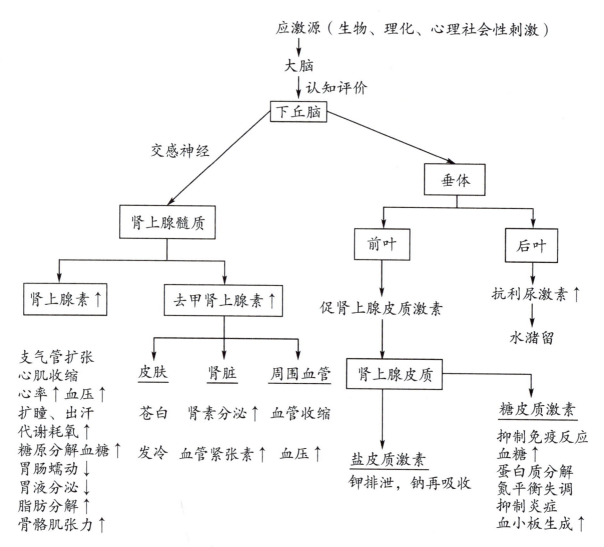

图 4-2　应激反应中的生理变化

训,应对起来也会比第一次更从容和淡定。

4. 人格特征　面对应激源时,如何理解、应对、处理,都会受到个体人格特征的影响。内控人格者,认为生活中发生的事件,根源在于自己。而外控人格者,认为个人生活的主导力量是外力。在遭遇压力事件之后,内控者很少抱怨,所以体验压力的强度相对外控者低。

5. 社会支持系统　是个体在应激状态下,来自社会各个方面包括家人、朋友、社会组织和团体等的援助。一是物质上的援助,增加应对应急事件的物质条件。二是精神上的支持,例如关心和理解等,使当事人增强面对现实的勇气,稳定情绪。良好的社会支持对健康有保护性作用。

6. 身体健康状况　因遗传、营养条件、体育锻炼等因素导致了个体身体健康状况的不同,对应激反应的承受程度也就有差异。一般来说,身体状况较好的人对应激反应的承受能力较强,而身体状况较差的人对应激反应的承受能力较弱。

此外,应激源本身的特征也会影响到应激反应的程度。一般说,应激源的刺激越强,时间越长,反应越强烈,对个体心身健康的影响越严重。此外,应激反应事件是否可预料、可控制,对应激反应也有很大影响。可预料和可控制事件相对来讲比意外的、不可控的反应要轻微。

四、心理应激与健康

心理应激的后果可能是适应良好,也可能是适应不良,这与多种因素综合作用有关。换言之,心理应激对健康既有积极的影响,又有消极的影响。

(一)心理应激对健康积极的影响

1. 适度的心理应激是促进人的生长和发展的重要条件　动物实验表明,多变的环境可促进大脑皮质增生。婴儿的研究观察表明,对婴儿身体和神经系统实施刺激,对促进其大脑发育具有重要的作用。人的生长和发展涉及生理、心理和社会功能等方面,早年的心理应激经历可以提高个体在以后生活中的应对和适应能力,从而更好地耐受各种紧张刺激和致病因子的侵袭。实践表明,从小在逆境中长大的人,由于经常遇到和应对应激刺激,长大后独立性强,社会适应能力好,心身状态容易应对各种应激刺激。

2. 适度的心理应激是维持人正常生理和心理功能的必要条件　著名的"感觉剥夺"实验证明,如果没有刺激,人就不能进行正常的心理活动,正常的生理活动也不能进行,甚至还会损害人的心理生理功能。所以,适度的刺激和心理应激,有助于人的生理、心理功能的平衡。正如没有了"痛觉"的刺激,就会造成身体严重的损伤甚至危及生命;没有了"渴""饿"的刺激,人就会因为失水、失去营养物质的摄入而死亡。

(二)心理应激对健康的消极影响

从个体发展的角度看,不良的生活环境或较强的应激会影响儿童和青少年的心理发展,导致发展缓慢或停滞,引发各种认知、情绪、行为和人格问题,并可能影响其成年后的社会适应能力,进而出现发展危机,导致攻击、吸毒等不良行为和心理障碍的发生。严重而持久的应激反应,可引起机体生理、心理功能的紊乱和失衡,导致疾病的发生。如心身疾病、神经症和反应性精神障碍。

1. 加重或导致心身疾病　大量的医学实践证明,强烈的应激反应,能加重一个人已有的疾病或造成旧病复发。持久或慢性的刺激,可引起神经系统、内分泌系统和免疫系统功能的紊乱,导致心身疾病,加重原有的躯体疾病。研究显示,由于应激影响了免疫系统,免疫功能下降,从而使其他系统,如消化、泌尿、呼吸、心血管等系统也受到不良影响,容易遭受疾病侵害。压力可导致免疫功能损害这一事实,是目前临床上解释高压力可以导致结核病、带状疱疹、慢性疾病的原因。

2. 加重或导致心理障碍　应激反应不仅可以导致心身疾病,也是多种心理障碍的诱因,例如神经症、急性应激障碍、创伤后应激障碍和适应性障碍等。应激源不一定是生活中的大事件,相对生活大事件,生活中人们所面对的应激源更多的是纷繁复杂的琐碎事,有学者认为,日常生活积累的困扰比重大的生活事件更能影响健康。

美国学者霍尔姆斯(Holmes)等人在1967年根据大量社会调查和病例资料分析,把在现代社会中个体所可能遇到的生活事件编制成社会再适应量表,并以生活变化单位(LCU)定量(表4-1)。他发现,一年内LCU累计超过300分,次年有86%的人会患病;若一年内LCU为150~300分,次年患病可能性50%;若一年内LCU低于150分,次年患病的可能性为33%。

表 4-1　社会再适应量表

序号	生活事件	生活改变单位
1	丧偶	100
2	离婚	73
3	夫妻分居	65
4	拘禁	63
5	亲人死亡	63
6	受伤或生病	53
7	结婚	50
8	解雇	47
9	复婚	45
10	退休	45
11	家人健康状况改变	44
12	怀孕	40
13	性生活问题	39
14	增加家庭成员	39
15	工作调动	39
16	经济状况改变	38
17	好友死亡	37
18	工作性质改变	36
19	夫妻不和睦	35
20	借贷(如买房)	31
21	归还贷款	30
22	职务改变(如升职、降职)	29

序号	生活事件	生活改变单位
23	子女离家(如上大学)	29
24	司法纠纷	29
25	个人有特殊成就	28
26	妻子开始工作或离职	26
27	开始或终止学业	26
28	生活条件的改变(如乔迁)	25
29	个人习惯的改变	24
30	与上级的矛盾	23
31	工作时间或条件的改变	20
32	搬家	20
33	转学	20
34	改变娱乐方式或程度	19
35	信仰活动改变	18
36	社交活动改变	17
37	少量借贷(如购彩电)	16
38	睡眠习惯改变	15
39	家人团聚次数改变	15
40	饮食习惯改变(数量、时间、进食环境)	15
41	休眠	13
42	过节	13
43	轻度违法行为	11

五、应对心理应激的方法

(一) 心理应对的概念

应对是指个体在处理应激情境时自觉不自觉地采取的种种行为和策略,是保持心理平衡的一种适应性手段。当我们在日常生活中遇到生活事件的困扰时,常常会采取一些行动,如抽烟、喝酒、逃避、幻想、自责、寻求别人帮助以及冷静地面对问题,以消除或减轻内心的紧张、焦虑和恐惧,这些行为就是应对。应对分为无意识应对和有意识应对。无意识应对是个体未意识到的应对,即心理防御机制(见第五章),有意识应对是指个体有意识的一些应对。如改变认知、修订目标、寻求社会支持、宣泄和放松等。无意识应对方式通过有意识的训练可转变为有意识的习惯化了的应对方式,如理智化、升华、幽默等。一般来说,随着年龄的增长,生活阅历的增加,人的应对策略也会逐渐成熟和完善。

(二)应对心理应激的方法

1. 消除和回避应激源　了解应激源的性质特点,制订可行的计划和策略,从根本上消除应激源。如学生考试失败,应认真寻找失败的原因,可以通过注意听讲,认真复习,多做练习等策略消除应激源。有些应激源可能是不可避免的,这时可采用"回避"的应对方法,远离应激源,减少应激的伤害。例如人们在遭遇洪水、地震等自然灾害时,暂时撤离事发地点实际上就是一种很好的应对策略。

2. 改变不合理认知　具有不合理认知的人对事物的看法比较偏颇、主观臆断、极端思维等。从理论上讲,改善认知因素的结构,调整认知的逻辑,理顺各认知阶段的联系,就可以矫正心理问题。因此,建立合理的认知,对应激源进行合理的评价,可以减轻或消除心理应激的损害。

3. 调整期望值　过高或过低的自我评估都会产生不良后果,导致失落感、抑郁、焦虑等情绪。因此建立与自己能力相匹配的期望值,对于自信心的培养,心理健康水平的提高至关重要。

4. 行为锻炼　适当的行为锻炼有助于降低焦虑、抑郁等不良情绪,可以调节血压、血糖、改善心血管的功能,促进消化和吸收,防止心身疾病的发生。如走路、跑步、游泳、骑自行车、打太极拳、做瑜伽等。

5. 转移注意　把注意力转移到个人喜欢的活动上,如旅游、种花养鱼、练习书画、听音乐等,都可以减低应激源的刺激作用,缓解应激反应的不良影响。

6. 利用社会支持系统　社会支持对健康具有直接的保护作用,情感支持可以维护自尊心和增加归属感,使个体改善消极情绪,增进自我防御能力。社会支持具有减轻应激事件反应的作用,能改变个体对应激事件的认知评价,提高对再次应激的预测力和耐受能力,还能消除应激事件造成的人际关系失调的不良效果。

7. 放松训练　渐进性放松法、生物反馈法、放松想象等可使全身肌肉松弛,缓解和减轻应激反应。

第二节　心　身　疾　病

 案例

老张,50 岁,男性,公务员。

主诉：头晕、头痛半年，加重伴血压升高1个月。

现病史：半年前患者因母亲去世、工作压力大出现有头晕、头痛，休息或自行服用药物缓解，具体药名与剂量不详。近1个月上述症状加重，休息后或自行服药不缓解。在当地医院检查发现血压升高，血压最高可达160/100mmHg。并服用"硝苯地平缓释片"，具体量不详。未见明显好转。为进一步诊治入我院。食欲差，失眠，大小便正常。体重无改变。

请问：1. 请问老张患有何种疾病？

2. 心身疾病有哪些常见的临床类型？

一、心身疾病概述

（一）心身疾病的概念

心身疾病又称心理生理疾病，指心理社会因素在疾病发生、发展过程中起重要作用的器质性的疾病和功能性的疾病。狭义的心身疾病指心理社会因素在疾病发生、发展过程中起重要作用的器质性的疾病。而广义的心身疾病，指只要在疾病发生、发展、转归各个环节受到心理因素影响者，都属于心身疾病。

（二）心身关系

心身关系的研究从心身和身心的双向性和综合性出发，把人视为一个整体，心理影响躯体，躯体影响心理，两者相互影响，互为因果。心身关系包括三个由量变到质变的层次：心身反应、心身障碍、心身疾病。

1. 心身反应　是指应激源引起躯体功能改变。一般在刺激消失后很快就恢复正常。如面试前的心跳加速，突然被吓了一跳的感觉等。

2. 心身障碍　是指因应激源过强或持续时间过长，而出现的不伴有躯体器质性改变的功能障碍。如没有器质性病变的胃痉挛、偏头痛及躯体不适感等。

3. 心身疾病　在过强或持续时间过长的应激源刺激下，引起躯体器质性病理改变的疾病。如胃溃疡、冠心病、癌症等。

（三）心身疾病的范围

心身疾病的种类多，范围广，分类方法多样。目前临床上使用最多的是按器官系统分类，可分为以下几类：

1. 心血管系统　原发性高血压、心律失常、冠心病、雷诺病等。

2. 内分泌系统　甲状腺功能亢进、甲状腺功能低下、糖尿病、肥胖症等。

3. 消化系统　慢性胃肠炎、肠道激惹综合征、神经性呕吐、消化性溃疡等。

4. 呼吸系统　支气管哮喘、过敏性鼻炎、神经性咳嗽、喉头痉挛等。

5. 免疫系统　风湿和类风湿性关节炎、红斑狼疮、结节性动脉周围炎等。

6. 皮肤系统　荨麻疹、湿疹、神经性皮炎、斑秃、脱发等。

7. 骨骼、肌肉系统　颈椎病、腰肌劳损、全身肌痛症等。

二、心身疾病的致病因素

现代心身医学认为,心身疾病的致病因素非常复杂,往往是多因素综合作用的结果。

(一) 心理因素

影响心身疾病的心理因素主要有情绪和人格特征。

两千多年前,中医学就把喜、怒、忧、思、悲、惊、恐等情绪活动看成导致疾病主要因素之一。认为这几种情绪的过度改变,可引起脏腑功能失调,气机紊乱。一般来说,积极愉快的情绪对人体的生命活动起着良好的促进活动,可以提高劳动强度和效率,使人保持心身健康状态。而消极则相反,甚至会使某些器官和系统罹患疾病。

大量的研究证明,不同人格特征的人对某些疾病的易患性具有明显差异。1935 年,精神分析学家邓巴(Dunbar)经过研究指出,至少八种疾病,如冠心病、糖尿病、支气管哮喘等与人格特征有关。1959 年美国心血管病专家弗里德曼(Friedman)等对冠心病患者进行调查,发现大多数患者具有一种特征性的行为模式,即"A 型行为模式"。认为这种行为类型与冠心病有密切关系,故又称"冠心病易患模式"。1976 年美国一些学者把 182 名被试者按行为类型分为 A、B、C 三类,随访 16 年。结果发现具有 C 型人格特征者患病率较高,而且患癌症者较多。

(二) 社会因素

社会因素是指人们生活和工作的环境、人际关系、社会角色和经济状况等。工业化和科学技术的迅猛发展,生活和工作节奏的加快,大量信息的冲击,噪声、污染、交通拥挤、人口高度集中,竞争日益激烈以及各种生活事件等都可能会成为致病因素,引发或加重某些疾病,影响人们的心身健康。大量调查研究表明:心身疾病的发病率是发达国家高于发展中国家,城市高于农村,脑力劳动者高于体力劳动者。

(三) 生理因素

心理社会因素引起或加重躯体疾病,主要是通过机体的生理变化而发生的,生理始基是产生心身疾病的一个重要基础。所谓的生理始基是指心身疾病患者在患病前的生理特点。

三、临床常见的心身疾病

(一) 原发性高血压

原发性高血压是最早确认的一种心身疾病。原发性高血压是以慢性血压升高为主要临床表现的临床综合征,是成年人中发病率很高的一种严重危害健康的循环系统疾病。

工业化程度高的国家高于发展中国家,脑力劳动者高于体力劳动者。现代医学研究发现高血压的发病与心理社会因素有关。

1. 情绪因素　人们很早就发现情绪和血压有着密切的关系。1711 年当 Hales 将动脉套管插入马的股动脉时,马因为恐惧,血压明显升高,待马平静时,血压恢复正常。各种引起精神紧张的情绪因素,特别是愤怒、恐惧、焦虑等均可使血压升高,而沮丧或失望时血压变化相对较轻。

2. 社会因素　现代社会的激烈竞争、紧张的人际关系、大量的信息涌入、高节奏的生活速度等,常常使人处于高度的精神紧张状态。这些因素作为社会性的应激源刺激个体发生心理和生理上的变化。调查表明:高血压的发病率,职业紧张的人群高于一般人群。

3. 人格因素　研究认为"A 型行为特征"的人是高血压的易感人群。A 型行为特征的人具有竞争性强、易于激动、好争执、敏捷但缺乏耐心等特点,遇到应激时,可能通过肾上腺分泌的激素引起血压升高。神经质及焦虑者易于发生高血压。但上述因素尚不能证实因果关系。

(二)冠心病

冠心病是一种严重威胁人类健康的疾病。发病率和死亡率在全球范围内居于前列。冠心病的发病因素很多,但现代医学认为,生活方式、人格、心理因素及社会因素在冠心病的发生发展过程中起着重要的作用。

1. 情绪反应　突发的生活事件可以产生焦虑、抑郁、恐惧等消极的情绪,都可以成为冠心病的诱发因素。急剧的情绪波动,如狂喜或狂怒等可诱发冠心病心肌梗死发作,引起患者猝死。

2. 人格特征　大量流行病学研究显示,具有 A 型行为特征的人心肌梗死的发生率、复发率、死亡率比其他人高。

3. 生活事件和生活方式　一般认为,经历的生活事件越多,冠心病的发生率越高。不健康的生活方式,吸烟、高盐高脂饮食、熬夜等因素已公认同冠心病有密切关系。

(三)消化性溃疡

消化性溃疡是一组消化道黏膜的慢性溃疡性疾病。大量的研究证实,消化性溃疡与紧张、焦虑、抑郁等情绪有关。特别是十二指肠溃疡,与心理社会因素尤为密切。严重的生活事件,如丧偶、人际关系紧张等造成的心理应激,可促进和加重消化性溃疡的症状。另外具有内向和神经质人格特征,也是消化性溃疡的易患因素。

(四)肿瘤

恶性肿瘤在我国已经位居人群死亡谱的前列。目前普遍认为,精神抑郁是促进癌症发展的一个重要因素。癌症患者发病前生活事件发生率比其他患者高。具有 C 型行为特征的人,癌症发生率比非 C 型行为特征者高 3 倍以上。

(五)糖尿病

糖尿病是一组以血糖升高为特征的内分泌和代谢障碍疾病。一般认为糖尿病是由遗传和环境共同作用的结果。研究发现,情绪、生活事件、人格、生活方式等不良心理社会因素可促发和加重糖尿病。

(六) 支气管哮喘

支气管哮喘的病因复杂,目前公认与变态反应、感染、心理因素等有关。剧烈的情绪表达是诱发哮喘的重要因素之一。儿童受到挫折,产生的情绪障碍可诱发和加重哮喘病情。

本章小结

心理应激是指当个体觉察到需求和满足需求的能力不平衡时所表现出的心身紧张性反应状态,其结果就是适应或者适应不良。应激源是能引起应激反应的各种刺激。按应激源主体的属性分类包括躯体性应激源、心理性应激源、社会性应激源、文化性应激源。影响应激反应的因素有认知评价、应对方式、生活经历、人格特征、社会支持系统、身体健康状况。心理应激对健康既有积极的影响,又有消极的影响。心身疾病又称心理生理疾病。指心理社会因素在疾病发生、发展过程中起重要作用的器质性的疾病和功能性的疾病。现代心身医学认为,心身疾病的致病因素非常复杂,往往是多因素综合作用的结果。

通过本章的学习,帮助我们认识心理应激与心身疾病的关系,掌握心身疾病的发病原因,了解情绪、人格特征、生活事件在心身疾病中的作用,把握预防心身疾病的方法,减少心身疾病的发生和对健康的危害。

(付广燕)

 目标测试

一、名词解释

1. 心理应激

2. 心身疾病

二、选择题

1. 心理应激的结果是

    A. 适应   B. 适应或不适应   C. 适应不良

    D. 不适应   E. 一般适应

2. 不属于按应激源主体的属性分类是

    A. 躯体性应激源   B. 心理性应激源   C. 社会性应激源

    D. 主观应激源   E. 文化性应激源

3. 加拿大生理和内分泌学家塞里,把应激反应分为三个阶段

A. 警戒期、抵抗期、衰竭期   B. 警戒期、衰竭期、抵抗期

C. 衰竭期、警戒期、抵抗期   D. 抵抗期、衰竭期、警戒期

E. 衰竭期、抵抗期、警戒期

4. 心理应激与健康的关系

    A. 有积极的影响   B. 无影响

    C. 有消极的影响   D. 既有积极的影响又有消极的影响

    E. 影响不大

5. 不属于应激中介机制的

    A. 认知评价   B. 生活经历   C. 人格特征

    D. 社会支持系统   E. 焦虑反应

6. 应对心理应激的方法包括

    A. 消除或回避应激源   B. 改变不合理认知   C. 利用社会支持系统

    D. 以上答案都正确   E. 以上答案都不正确

7. 心身疾病又称

    A. 身心疾病   B. 心理生理疾病   C. 精神病

    D. 神经症   E. 以上说法都对

8. 下列说法正确的是

    A. 具有"A 型行为特征"的人易患癌症

    B. 具有"A 型行为特征"的人易患呼吸系统疾病

    C. 具有"A 型行为特征"的人易患冠心病

    D. 具有"A 型行为特征"的人易患消化性溃疡

    E. 具有"A 型行为特征"的人易患糖尿病

9. 心身疾病的致病原因是

    A. 心理因素   B. 多种因素综合的结果

    C. 社会因素   D. 生理因素

    E. 自然因素

10. 不属于心身疾病的是

    A. 外伤   B. 冠心病   C. 原发性高血压

    D. 糖尿病   E. 癌症

第五章 ｜ 挫折与心理防御机制

05章数字资源

1. 掌握：影响挫折感受性和耐受力的人格因素和应对能力的因素。
2. 熟悉：挫折的概念；挫折的心理行为反应；影响挫折感受性和耐受力的认知评价因素和社会支持系统；心理防御机制的类型。
3. 了解：挫折产生的原因。

第一节　挫折概述

一、挫折的概念

挫折是指个体在从事有目的的活动时，遇到不可克服的障碍而产生的紧张状态和消极的情绪反应。一般来说，产生挫折需有三个条件：挫折情境、挫折认知、挫折反应。

（一）挫折情境

挫折情境是指人们在有目的的活动中遇到的，使需要不能获得满足的内外障碍或干扰，所呈现的情境状态、情境条件。如高考落榜、受到讽刺打击等。挫折情境是产生挫折的重要条件之一。

（二）挫折认知

挫折认知是指对挫折情境的知觉、认识和评价。挫折认知既可以是对实际遭遇到的挫折情境的认知，也可以是对想象中可能出现的挫折情境的认知。不同的人对相同的挫折情境会产生不同的主观心理压力，例如，两个学生与老师打招呼，老师没有反应。一个学生认为是老师瞧不起自己，不喜欢自己，因而自尊心受到挫伤；而另一个学生则认为，这可能是由于老师正在思考某个重要问题，没有注意到别人打招呼的缘故。

（三）挫折反应

挫折反应是指个体伴随着挫折认知,对于自己的需要不能得到满足而产生的情绪和行为反应,如愤怒、焦躁、紧张等。

当挫折情境、挫折认知和挫折反应三者同时存在时,构成典型的心理挫折。如果缺少挫折情境,只有挫折认知和挫折反应也可以构成心理挫折,这是因为个体认知不当的缘故。因此,三个因素中,挫折认知是最重要的因素。挫折反应的性质及程度,主要取决于挫折认知。一般情况下,挫折情境越严重,挫折反应就会越强烈。然而,如果个体主观上将严重的挫折情境认知和评价为不严重,其反应就会比较轻微,反之,就会引起强烈的情绪反应。

二、挫折产生的原因

（一）外在因素

构成挫折的外在因素是指个体自身因素以外的自然因素、社会因素给人带来的种种阻碍和限制,致使人的需要得不到满足而产生挫折。

1. 自然因素　构成挫折的自然因素主要是指个体不能预测和防范的天灾人祸、生老病死等。

2. 社会因素　构成挫折的社会因素是指个体在社会生活中遇到的各种人为因素的阻碍和限制,包括政治、经济、道德、信仰等方面的因素。

（二）内在因素

构成挫折的内在因素是指由于个体的生理、心理以及知识、能力等因素的阻碍和限制,使人的需要得不到满足,从而成为挫折的来源。

1. 生理因素　主要指先天素质带来的限制,使人无法顺利达到目标,如一个先天性色盲的人想成为画家,无论怎样去努力,怎样去追求,恐怕都难以如愿以偿。

2. 心理因素　心理因素归纳起来,主要有四个方面。①人的能力、智力、知识经验的不足,以致在工作中遭到失败而产生挫折。②抱负水平过高:一个人是否受到挫折,与个体自身对成功标准的规定有密切关系。③动机冲突:在人的现实生活中,往往会同时出现两个或两个以上相互冲突的动机,如果其中一个动机得到满足,其他动机的实现就必然受到阻碍,从而产生挫折感。④不合理、不切实际的需要。

三、挫折的心理行为反应

个体在遭受挫折之后,会产生不同程度的紧张、焦虑、烦躁、痛苦等情绪体验,并导致相应的行为反应。挫折反应可以分为三个方面。

（一）情绪性反应

个体在受到挫折时,常伴随着强烈的紧张、愤怒、焦虑等情绪所作出的反应,称为情绪性反应。常见的情绪性反应有攻击、焦虑、退行、冷漠、固着等。

1. 攻击 攻击有直接攻击和转向攻击两种形式。直接攻击就是个体在受到挫折后,愤怒的情绪直接导向造成挫折的人或物,表现为对人讥讽、谩骂、破坏物体等形式。通常对自己的容貌、才能、权力等方面比较自负的人,以及年幼无知、缺乏理智或缺乏生活经验的人,比较容易产生直接攻击行为。转向攻击一般在三种情况下发生:一是对自己缺乏信心,悲观失望,受挫后产生自责,把攻击转向自己。二是觉察到引起挫折的对象无法进行直接攻击,而把挫折的情绪发泄到其他人或物上去。三是由于挫折来源不明显,受挫者找不到明确的攻击对象,于是将攻击目标指向不相关的人或物。

2. 焦虑 焦虑是担心可能会遇到某种危险而产生的紧张、惶惶不安的情绪状态。常表现为心慌、胸闷、口干、坐卧不安、睡眠障碍、注意力不集中等。焦虑是个体遭受挫折时,最为普通和常见的心理反应之一。个体如果长期处于焦虑状态,不仅会损害心理健康,还会引发各种躯体疾病。

3. 冷漠 冷漠是指个体在遭受挫折后,所产生的漠不关心、无动于衷的态度。这是一种比攻击更为复杂的挫折反应,其主要原因是由于个体对引起挫折的对象无法或无力进行攻击,同时,又找不到其他适当的替代物来发泄自己受挫后的愤怒情绪,而且还看不到环境改变的希望,于是做出冷漠的反应来调节自己受挫后的心理状态。

4. 固着 固着指个体在受到挫折后,采取刻板的方式盲目重复某种无效行为,以不变应万变的现象。有的学生在受挫后根本听不进别人的规劝和教育,执迷不悟地继续重复错误行为,特别是在别人面前受到他人的批评、指责,或者自己的受挫心理被众人发现时,刚开始会感到万分屈辱,但不久,这种自尊心严重受损感即转换为固执己见、破罐破摔的心理状态。因此,固着实质上不能解决任何问题,继续坚持己见只能适得其反。

5. 厌世 厌世是指个体在受到挫折后产生的万念俱灰、生不如死的情绪状态。

（二）理智性反应

在理智的控制下所做出的反应,称为理智性反应。当个体在遭受挫折后能够及时调整、保持冷静、面对现实、采取积极的态度和方式对待挫折,这种反应就叫作理智性反应。主要表现为两种形式。

1. 坚持目标,继续努力 当个体受挫后,经过分析发现自己追求的目标是可以实现的,于是找出排除障碍的方法,毫不动摇地朝既定目标迈进,最终实现自己的愿望。许多重大的发现和发明创造都是在经历多次失败以后,科学家们仍然坚持不懈,最终克服困难取得成功。

2. 调整目标,循序渐进 由于自身条件或社会因素的限制,个体的需要和目标并不能得到满足或实现,或者在当前条件下不可能满足或实现。如果个体在实现目标的过程中，多次努力仍然以失败告终，就应当冷静下来，认真客观地分析真正的原因，并根据实际情况对自己的奋斗目标适当调整。降低目标、分解目标、改换目标，或者调整实现目标的方法，最终也会获得成功。

（三）个性变化

个性的变化是由于长期受到挫折的影响或者挫折影响非常严重，导致个性在某方面发生的重大变化。一般来讲，挫折对个体的影响是暂时的，但如果个体连续遭受挫折，或者遭受特别重大的挫折，就可能使挫折反应逐渐固定下来，使受挫者的个性特点发生改变。这种改变可能是消极的，如孩子长期受到父母过于专横的压制，形成了拘谨、胆小或偏执等不良个性；这种改变也可能是积极的，如有些长期身处逆境的人，养成了坚强、刚毅、百折不挠的个性。

个体遇到的挫折如果不超过其自身的容忍力，可以促使个体提高解决问题的能力，以更有效的方式满足自身发展的需要。然而，如果挫折事件发生过于频繁、持续时间过长、强度过大，超出了个体的忍受力，个体又不能正确地对待，则可能引起适应不良，情绪紊乱，甚至产生躯体疾病或心理、行为问题。

第二节　影响挫折感受性与耐受力的因素

所谓挫折感是指个体在目标行为过程中，认识并感受到自己的动机性活动受到阻碍后所引起的心理状态和情绪反应。挫折耐受力是指个体受到挫折时经受得起挫折的打击和压力，保持心理和行为正常的能力。影响挫折感受性和耐受力的因素有以下几个方面：

一、认知评价因素

挫折刺激是通过个体的认知而影响到情绪，产生这样那样的心理行为反应。由于个体对自己的动机、目标与结果之间关系的认识、评价和感受不同，同样的挫折情境对每个人造成的打击和心理压力是不同的。由此可见，在挫折情境中，许多不理智的反应、不正确的行为，都与缺乏对挫折的正确认知有关。因此，建立正确的、合理的认知，对于我们应对挫折是非常必要的。

（一）理解挫折的普遍性

事实上，挫折是人们生活的一个组成部分，每个人都不可能完全避开挫折，永远一帆风顺。天有不测风云，人有旦夕祸福，这是人生常态。这就是挫折的普遍性。

挫折是客观存在的，如果能够坦然面对挫折，勇敢正视挫折，不灰心、不绝望，沉着冷静，就能把挫折当作进步的台阶、成功的起点，从而获得成功。常言道："宝剑锋从磨砺出，梅花香自苦寒来。"

(二) 认识挫折的两重性

挫折同世界上任何其他事物一样具有两重性。挫折会给人以打击,带来损失和痛苦,但也能使人奋起、成熟,从中得到很大的收获。挫折既有消极的一面,也有积极的一面。"自古雄才多磨难,从来纨绔少伟男。"生活中的挫折和磨难,并不一定都是坏事。挫折和磨难能使人受到磨炼和考验,变得坚强,同时还能扩大我们对生活的认识范围和认识的深度,使自己更加成熟。

(三) 学会从不同角度看待生活中的挫折

挫折存在于生活之中,但它并不是生活的全部。古人曾说过:"失之东隅,收之桑榆""塞翁失马,焉知非福",当我们换一个角度看待挫折,则会有另一番感受与收获。生活中的挫折与失败,也是一种人生的阅历和宝贵的经验。懦弱者总把挫折看成是绊脚石,垂头丧气、一蹶不振;而勇敢者却将挫折当作是垫脚砖,会让自己站得更高、看得更远。另外,我们还要善于忘记那些令人不愉快的事,放眼未来,努力摆脱痛苦,吸取教训,迎接新的生活。

二、人 格 因 素

人格是指一个人整体的精神面貌,是具有一定倾向性的和比较稳定的心理特征的总和。一个人的需要、动机、兴趣爱好、价值观等都对个体的挫折耐受力产生重要影响。性格开朗、乐观、坚强、自信的人,挫折耐受力强;性格孤僻、懦弱、内向、心胸狭窄的人挫折耐受力低。具有悲观倾向的人对挫折的心理耐受力差,他们即便面对一些小小的压力也很容易产生消极情绪。当人们对某事有浓厚的兴趣,一心钻研,在别人看来很苦的事,他们却乐在其中,对挫折会表现出很强的耐受力。可见,一个人的兴趣爱好也是应对挫折不可忽视的因素。

除此之外,一个人的适应程度、心理准备、生活态度、人生观、价值观、气质类型和态度特征等与挫折感的产生都有直接关系。如胆汁质气质的人往往情绪变化大,脾气暴躁、易怒,常因为细小琐事而引起较强的挫折感。黏液质气质的人是比较善于忍耐,对挫折的耐受力要大一些。

三、应对能力因素

每个人所具备的应对能力是不同的,当他面对挫折时所采取的应对方式也是有差异的,因此,应对的结果以及挫折对于不同个体所产生的影响也会有所不同。

在心理学文献中,人们一般将心理应对分为两大功能:其一是改变功能,即应对能够改变压力或危机的情境,一方面是改变压力情境本身,另一方面改变个人对压力情境的反应。其二是处理功能,指人们在压力或危机情况下,努力处理或调整自己的态度、情感和反应方式。从应对功能来看,积极应对挫折,不仅要选择正确的应对方式,而且还要提高应对能力。而应对能力的提高,主要来源于经验的积累。如个体在婴幼儿期受到一些必要而适宜的刺激,可使其成年期的行为更具有良好的适应性。青少年应积极投身实践,磨炼自己,积累经验,不断提高解决困难、战胜挫折的能力。

四、身体素质因素

从个体应对挫折时的生理反应而言,一般情况下,一个身体健康、发育良好的人对挫折的耐受力要比一个疾病缠身、有生理缺陷的人强。健康的人不怕偶尔的饥寒交迫,可以熬夜,也可以较长时间工作而不感到疲劳,甚至可以经受更大的挫折,而体弱多病的人却不行。这是因为挫折会引起人的情绪及生理反应,给人的心理带来压力及紧张感,会使体弱多病者身体更加虚弱并且会加重病情,甚至发生意外。国外有人研究发现,体弱多病者与身体健康者在丧偶后一年内,前者比后者发病率高78%,死亡率高3倍多。因此,要重视身体因素对挫折耐受力的影响作用。

五、社会支持系统

社会支持系统主要是指个体遭受挫折时,来自社会各个方面的帮助。当个体遇到挫折时,能得到家庭、朋友、同事等方面的支持、关心、理解和帮助,能大大减轻个体心理反应的强度。建立信心,调整态度,正确应对,解决问题。

第三节　心理防御机制

一、心理防御机制概述

(一)心理防御机制的概念

心理防御机制,最早由奥地利精神科医生、精神分析学说的创始人弗洛伊德提出的。它是指个体处在挫折和冲突的紧张情境时,其潜意识活动中所产生的一种解脱烦恼,减轻内心不安,以恢复情绪平衡与稳定的适应性心理反应。

(二)心理防御机制的作用

心理防御机制的运用具有积极和消极两种作用。

1. 积极作用　表现为能暂时减轻或消除内心的痛苦和不安,对偏激或攻击性的情绪和行为有缓和作用,使个体有更多的时间和机会寻找更有效的应对方法解决问题。如升华能够把那些不被社会接受的动机或行为转变为可被接受的动机和行为,使个体心理上获得满足。

2. 消极作用　它使得个体依赖于心理防御,逃避现实,而不能学会有效地解决问题。因为心理防御机制对现实存在的问题并不能真正地解决,往往是自欺欺人的,带有逃避、退缩的性质。有时还会使现实问题复杂化,使个体陷入更大的挫折或冲突的情境之中,进一步引起焦虑、紧张或抑郁,严重者甚至可能导致精神失常。

心理防御机制是个体在遭遇挫折时内心所具有的一种自我保护。目的是为了减轻痛苦和不安,恢复情绪稳定,使个体达到心理平衡的一种心理机制。面临挫折时运用积极的心理防御机制,有助于解决问题、调整心理状态,促使个体更有效地应对挫折。

二、心理防御机制的类型

(一)建设性心理防御机制

这是一种积极的心理防御机制。它是指个体在遭到挫折以后不是沉浸在受挫的痛苦之中,而是将痛苦化为一种具有建设性的动力,把情感和精力投入到有利于社会和他人的活动之中。升华便是其中之一。

升华作用是指个体在遭受挫折后将自己不为社会所认可或接纳的动机、本能欲望导向比较崇高的、为社会所赞许的行为目标和方向,从而既能满足本身的欲望,又有利于社会和他人。如将对他人的妒忌转为努力学习、工作的动力,去超过他人,结果不但消除了因妒忌产生的焦虑,而且获得了成功的满足。

(二)替代性心理防御机制

替代性心理防御机制是指个体受挫后,以新的目标或活动取代原来的目标或活动来获得心理平衡。它包括以下几种形式:

1. 补偿　是指个体企图用种种方法弥补其生理上的缺陷或心理上的不适应,从而减轻其挫折感和心理不适,实现心理平衡的一种心理防御机制。如有些人觉得自己的身体素质欠佳,不能在运动场上骁勇称霸,于是在学习上拼命用功,在考场上夺冠折桂。即所谓"失之东隅,收之桑榆",这是补偿作用。

补偿作用对于缓解受挫后的损失感,防止心理压力过大,具有一定的积极意义。但是,并非所有的补偿都有积极的价值,关键在于新的目标和活动是否符合社会规范,是否有利于社会、他人和自身。如有的人丢失钱物后,以偷取别人的钱物来补偿,这就不是积极的补偿。这种补偿即使能获得暂时的心理平衡和满足,也无助于自身的健康发展,甚至还会导致犯罪,危害社会和他人。

2. 认同　是指个体受到挫折而痛苦时,效仿他人获得成功的经验和方法,使自己的思想、目标和言行更适应环境的要求,或者是把别人具有的、使自己感到羡慕的品质加在自己的头上,以提高自己的信心、声望和地位,从而减轻挫折感。

3. 抵消　是指个体以某种象征的活动或事情来抵消已经发生的不愉快事情,以此取代其心理上的不舒畅。如临近岁末，如果不小心摔碎碗碟，人们常常会说"岁岁平安"。在公共汽车上，如果别人不慎踩了自己的脚，对方一声"对不起"，会使你忍痛消气。

（三）掩饰性心理防御机制

掩饰性心理防御机制是指个体在受挫后，为了保持自尊，减轻痛苦和焦虑，常以某种借口、态度、理论或行为来掩饰自己，如合理化、反向、幽默等。

1. 合理化　又称文饰作用。合理化指个体在遭受挫折后，无法实现目标，自己内心焦虑、痛苦或欲望不符合社会规范无法达到时，为了减轻或免除焦虑和痛苦，用有利于自己的理由来为自己辩解，将面临的窘迫加以文饰，以隐瞒自己的真实动机或愿望，从而为自己进行解脱的一种心理防御方法。合理化是最常见的心理防御方法。其表现形式可概括为"找借口""酸葡萄心理""甜柠檬心理"等。

"找借口"是指个体将受挫折的原因归咎于自身以外的客观因素或可以原谅的主观因素，以避免别人的指责、嘲笑，逃脱内疚，使自己心安理得。如考试成绩不佳时，有的学生推说身体状况不佳、发挥不好等。

"酸葡萄心理"是指当个体所追求的目标受到阻碍而无法实现时，便贬低原来的目标，说"不值得追求"，以此冲淡内心的欲望，减轻不安的情绪。"吃不到葡萄就说葡萄酸"就是这个意思。

"甜柠檬心理"是指当个体所追求的目标不能实现时，便淡化原来的目标，而对自己既得的利益大加肯定和强调，以此来减轻内心的失望和痛苦。就像寓言中那只聪明的狐狸一样，本想找些可口的食物，却只找到一只酸柠檬。于是便自我安慰说："这柠檬是甜的，正是我想吃的！"在现实生活中，这样的事例也经常可见。

2. 反向　又称"矫枉过正"，指个体把自己的一些不符合社会规范、不被允许的动机或欲望，以一种截然相反的态度或行为表现出来，以掩饰自己的本意，避免或减轻自尊心受损。这种外在的态度或行为与内心的欲望相反的现象就是反向，即所谓"此地无银三百两"。例如，一位继母并不爱前妻留下的子女，但她很爱丈夫，从理智上也明白应该对失去生母的孩子爱护。因而每当对他们产生厌烦时，在心理上就会出现冲突，从而产生一种羞愧和负疚感。为了避免受挫而产生焦虑，她无意识地会对孩子们表现出一种超乎寻常的宠爱。这种宠爱有时并不利于孩子的成长。所以，当一个人过分热衷于某一行为时，他无意识中可能存在与此相反的欲望和冲动。

3. 幽默　个体在遇到挫折、处境困难或尴尬时，用幽默的方式来化解困境，维持自己的心理平衡，称为幽默。这不仅是一种非常机智的举动，也是心理修养较高的体现。如古希腊哲学家苏格拉底一次与客人谈话时，他脾气暴躁的妻子突然跑进来，大骂了苏格拉底一通之后，又拿来一桶水浇在了苏格拉底的头上。苏格拉底笑了笑，对客人说："我就知道，打雷后，接着一定会下雨的"。德国诗人歌德也曾有过类似的经历。一次，他在公园散步，在一条小径上恰与曾经对他的作品进行过尖锐指责的批评家迎面相撞。那位批评家性情暴躁，看到歌德就很不礼貌地嚷道："我从不给傻子让路"。而歌德却很冷静而又不失幽默地说："我正好相反。"说完，笑着站在一旁，让这位批评家通过。批评家自讨没趣，灰溜溜地走了。本来很难堪的场面，却由于哲学家和诗人的幽默与风趣，使困境得以化解。

（四）逃避性防御机制

逃避性心理防御机制，是指个体受挫后通过某种途径或方法回避所面临的挫折情境，以解除内心的不安与焦虑。其表现形式有潜抑、退化、否定、幻想等。

1. 潜抑　是指把不能被意识所接受的念头、感情和冲动，在不知不觉中抑制到潜意识中去的一种心理防御方法。潜抑作用是各种心理防御机制中最基本的方法。一般而言，一个人避免不了会有些痛苦的经验记忆，也免不了会有些不能忍受或能引起内心挣扎的念头、感情或冲动，在尚未被人觉察之前，便抑制、存储在潜意识中去，使自己不能觉察以免痛苦，保持心境的安宁。被潜抑的内容并未消失，一有机会就会逸出，触景生情，有时会以改头换面的形式出现。例如梦、口误、笔误、失言、失态、记忆缺失、记忆错误等。

2. 退化　是指个体在应对紧张情境时，其行为表现退回到原先幼稚阶段的一种心理防御方法。当人们遇到挫折时，放弃已经习惯了的比较成熟的行为方式，而恢复到早期较幼稚的方式去应付困难、问题或满足自己的欲望，这种现象称之为退化现象。这种退化现象是在遭受外部压力或内心冲突不能处理时，借此回到幼稚行为以使自己感到舒服、安慰的一种心理防御方法。这种现象各年龄阶段均可看到。

3. 否定　否定属于一种比较简单而原始的心理防御机制。其方法并不在于把已发生的痛苦有目的地"忘却"，而是彻底加以否定，认为根本没有发生过，以此来躲避心理上的不安与痛苦。例如，小孩子摔坏了东西，闯了祸，常用双手蒙住眼睛，以此否定已发生的事实；当鸵鸟被猎人或猛兽追赶无处逃时，它会把头埋进沙子里，正所谓"眼不见，心不烦"。

4. 幻想　幻想是指当个体的动机或欲望受到阻碍无法实现时，便以想象的方式使自己从现实中脱离出来，在空想中获得内心动机欲望的满足。比如，有的学生考学屡试不第，便幻想自己考上某所名牌大学等。

幻想多为儿童时期经常采用的心理防御机制。当儿童遇到难以解决的问题时，常常用幻想的方式来达到内心的满足，有时还把幻想的内容和情景低声唠叨出来。如受到欺负后，就幻想自己变成大力士、拳击手，正在用拳头狠狠地揍着欺负他的人。显然这种心理防御机制是很幼稚的。

（五）攻击性防御机制

攻击性防御机制，是指个体在遇到挫折后，将焦虑或愤怒的情绪转移到其他的人或事物上，以维持自身的心理平衡。攻击性防御机制有移位、投射等。

1. 移位　所谓的移位是指将一种情境下的危险情感或行为，不自觉地转移到另一种较为安全的情境下释放出来。有这样一组漫画：丈夫挨上司的一通训斥，回到家后把对上司的愤怒和不满情绪,发泄到妻子身上;妻子一气之下把孩子骂了一通;孩子感到委屈就把他养的狗踢了两脚;狗又去咬了家里的猫。当然,这是一则讽刺与幽默的笑话,可是在现实生活中这种"迁怒"的例子并不少见。迁怒也是一种心理防御机制,它是把对某一事物的强烈情感不自觉地转移到另一事物上,以缓解、减轻本身精神上的负担。

2. 投射 这也是一种较为常见的心理防御方法。它是指个体将自己不喜欢的或不能接受的,而自己又具有的观念、态度、情感、欲望以及某些性格特征转移到别人身上,认为别人也是如此。所谓"以小人之心,度君子之腹",就是这种防御方法的表现。比如,有的人自私自利,却认为人人都是自私的;有的人爱说谎话,却断言别人也不诚实。当一个人把自己的缺点转移到别人身上,在无意识中也就减轻了自己的内疚感,并且维护了自己的尊严和安全感。很明显,这是一种自欺欺人的心理防御方式,是有害的。

总之,心理防御机制的表现形式是多种多样的,无论哪一种方式都可暂时地减轻或免除由挫折而产生的紧张与焦虑,并在一定程度上维护了个人的自尊。但是,这样做总是不同程度地歪曲了事实,或多或少地带有自欺欺人的成分,并不能真正地解决所面临的问题,也不能使自己的动机或欲望得到真正的满足。甚至有时还可能会陷入更大的挫折或冲突的情境之中,造成个体对社会的适应不良。所以,在运用心理防御机制来减轻焦虑和维护自尊时,应根据不同的情境以及自身实际情况,灵活把握,调整好自己,正视现实,战胜挫折。

本章小结

通过本章的学习,掌握影响挫折感受性和耐受力的人格因素和应对能力的因素。挫折是指人们在有目的的活动中,遇到无法克服或自以为无法克服的障碍和干扰时,所产生的紧张状态和消极的情绪反应。挫折的产生有三个因素:挫折情境、挫折认知和挫折反应。在这三个因素中,挫折认知是最重要的因素。因为挫折反应的性质及程度主要取决于挫折认知。挫折耐受力是指个体受到挫折时经受得起挫折的打击和压力,保持心理和行为正常的能力。影响挫折感受性与耐受力的因素主要包括认知评价因素、人格因素、应对能力因素、身体素质因素和社会支持系统。

通过本章的学习,进一步加深对心理防御机制类型以及它的积极作用和消极作用的理解。心理防御机制是指个体处在挫折与冲突的紧张情境时,在其潜意识活动中所产生的一种解脱烦恼,减轻内心不安,以恢复情绪平衡和稳定的适应性心理反应。其分为建设性防御机制、替代性防御机制、掩饰性防御机制、逃避性防御机制和攻击性防御机制五种类型。在现实生活中,当个体遇到挫折与困难时,可通过发挥心理防御机制的积极作用,更好地适应环境,耐受挫折,应对挫折,维护健康。

(卢永菲、李正禄)

一、名词解释

1. 挫折

2. 心理防御机制

二、选择题

1. 下列哪项不是产生挫折的条件

    A. 挫折情境   B. 挫折反应   C. 挫折经过

    D. 挫折认知   E. 挫折评价

2. 不属于影响挫折感受性和耐受力的因素是

    A. 认知评价因素   B. 人格因素   C. 教育因素

    D. 应对能力因素   E. 身体素质因素

3. 下列哪项不属于逃避性防御机制

    A. 潜抑   B. 移位   C. 否定

    D. 幻想   E. 退化

4. 下列哪项不是心理防御机制的作用

    A. 催人奋进   B. 减轻焦虑   C. 维护自尊

    D. 逃避现实   E. 自我保护

5. "酸葡萄心理"在心理防御机制中属于

    A. 否认   B. 幻想   C. 合理化

    D. 退化   E. 投射

6. 下列哪个选项不属于构成挫折的心理因素

    A. 抱负水平过高   B. 动机冲突

    C. 不切实际的需要   D. 个人能力、智力、经验不足

    E. 色盲

7. 下列哪种防御机制属于建设性心理防御机制

    A. 升华   B. 退化   C. 合理化

    D. 否认   E. 幻想

8. 临近岁末,如果不小心摔碎碗碟,人们常常会说"岁岁平安",在心理防御机制中属于

    A. 潜抑   B. 补偿   C. 抵消

    D. 幻想   E. 投射

9. 下列哪个选项属于构成挫折的内在因素

    A. 地震   B. 车祸   C. 政治

D. 色盲   E. 经济

10. "口误"在心理防御机制中属于

    A. 合理化   B. 否认   C. 退化

    D. 升华   E. 潜抑

第六章 | 心理障碍

06章 数字资源

1. 掌握：心理障碍的概念和心理障碍形成的原因。
2. 熟悉：正常与异常心理的判断标准；神经症和人格障碍的概念及特征；成瘾的概念及分类。
3. 了解：常见神经症和人格障碍类型及临床表现；人格障碍的概述。

第一节　心理障碍概述

案例

　　小王，男，37岁，未婚，公司职员。半年来，总是思考一些毫无意义的问题，如"到底是先有的鸡，还是先有的蛋""走路时是先迈左腿，还是先迈右腿"等，虽然明白思考这些事情没有必要，但又控制不住。继而出现反复洗手，上楼梯必须计数，如果数错或忘记，一定要从第一阶楼梯重新计数。为此耽误了正常的工作和生活。近两个月还出现了疲惫、头晕、紧张、心悸、睡眠障碍等症状，来医院就诊。

　　请问：小王的心理状态是否正常？

一、心理障碍的概述

　　心理障碍又称异常心理或变态心理，是指个体在各种因素的作用下丧失了正常的心理功能，从而影响了个体的社会功能，有些可伴有生理功能异常。属于变态心理学研究的主要内容。正常的心理功能具有如下特点：第一，能保障人健康的生存发展，适应环境。第二，能保障人进行正常的社会活动。第三，能保障人发挥其主观能动性认识世界，创造性地改善世界。

　　心理活动的"常态"与"变态"是相对而言的，两者之间没有截然的界限。即使是心理正常的人，他们的心理活动也不一定完全是正常的。例如：生活中很多并没有被判断为心理障碍的人，也会存在思维、感觉、知觉等方面的异常。

二、正常与异常心理的判断标准

　　判断正常心理与异常心理，对人类认识心理现象和心理过程极为重要。但是正常心理与异常心理的区别不是一个简单的问题，心理活动受诸多因素的影响，这些因素又极为错综复杂。所以，很难制定一个绝对的判断标准。目前，我们普遍接受用以下几种标准综合判断：

（一）医学标准

　　医学标准是指运用医学检查、诊断手段及标准找到异常心理的生物性原因，判断心理活动是否异常的方法。从古希腊医学家希波克拉底的体液学说，古罗马名医盖伦的大脑缺陷解释，到现代的生理心理学，都未能发现明显病理改变的心理障碍。

　　医学标准最大的优点是客观，目前对脑器质性精神病、躯体疾病伴发的精神障碍以及感染中毒所致精神障碍的临床诊断有很大的帮助。然而这种理论忽略了心理和社会因素的作用，有较大的片面性，尤其对神经症和人格障碍等的判定效果不佳。

（二）内省经验标准

　　内省经验标准是以经验为依据，判断心理活动是否异常的方法。包括两种判断方法：一是从个体自己的主观体验的角度，判断自己是否存在心理障碍。如患者自己本人感到自己情绪低落、兴趣下降、头晕、头痛、睡眠障碍等，并且持续了一段时间，影响了社会功能，主动求医。二是观察者根据自己的经验，对被观察者的行为和心理是否异常作出判断。

　　内省经验标准最大的优点是方便，一般人即可以此来判定心理正常与否。由于是以经验为依据，所以这一标准有极大的主观性，并缺少科学性和客观性。又由于判定者的经验、知识水平、心理状态、态度倾向性等多因素的影响，可能会出现对同一个体作出完全不同判断结果的现象。所以说，内省经验标准是有局限性的。

（三）统计学标准

　　统计学标准来源于心理测量。标准化心理测量的结果常常呈正态分布，绝大多数人集中在中间值部位。依据这样的标准即可通过某个个体的测量结果推论其心理活动是否异常。

　　统计学标准的优点是提供了心理特征的量化资料，操作简便易行，便于比较。但这种标准也存在一些明显的缺陷,有时某些偏离常态的心理测量不一定是心理异常,比如,智力超常的人在人群中占极少数,但并不被视为异常。由此可见,统计学标准的普遍性也只是相对的。

（四）社会适应标准

社会适应标准是以社会准则为标准,衡量人的心理活动是否与社会的生存环境相适应,适应者为正常,不适应者为异常。正常情况下个体能按社会生活的需要适应环境和改造环境,因此,正常人的行为应符合社会准则。

社会适应标准和其他标准一样也有其局限性。首先社会准则会随着时代的变迁而变化。其次随着不同的文化背景而变化,不同国家、地区、民族的风俗、文化各不相同,相应的社会准则必然不同。另外个体适应环境的能力也不尽相同。所以,社会适应标准并不是绝对的。

总之,以上标准对于判断心理异常与否,有一定的使用价值,但又各有其缺陷和不足。因此,在临床应用时应当互相参考,根据多重标准进行综合判断,不能单独应用以图解决问题,尤其是处于临界状态时,更要认真判断、综合分析。

三、心理障碍形成的原因

心理障碍形成的原因,从不同的角度出发,有不同的理论解释。例如,医学家更倾向于心理障碍的发生、发展与生物学因素有关,而心理学家则更倾向于心理因素。当然,不同的心理学家,不同的学派的理论解释也不尽相同。现在的研究更趋向于将生物因素、心理因素和社会因素结合起来考虑。

（一）生物因素

1. 遗传因素　大量研究结果表明,遗传因素是某些心理障碍的主要原因,如精神分裂症。1959 年考尔曼（Kallmam）对 1 000 名患者及其家族进行了分析研究,发现该病的发病率与血缘关系十分密切,即与本家族患病者的血缘关系越近,发病率就越高。其中同卵双生者可高达 86.6%,而同期无血缘关系的一般普通人群的发病率只有 0.85%,相差100 倍以上。

2. 神经生化　药理学的进展提示,重度抑郁障碍、强迫性神经症及焦虑障碍等,都与维持人类正常精神活动有重要作用的 5-羟色胺功能不足有关。

3. 脑部病变　脑是心理的器官,心理是脑的功能,大脑结构和功能出现病变和损伤,心理功能会部分或完全丧失。

（二）心理因素

心理因素在心理障碍成因及防治过程中所起的作用是显而易见的。心理学的各种理论流派提供不同视角,使我们更为全面地认识心理障碍形成的原因。

精神分析学派认为,被压抑在潜意识中的冲突是心理异常的动力原因,并认为童年时期的经历是心理健康的关键,因此重视童年期儿童的成长经历非常重要。行为理论认为,除本能外,所有行为都是后天通过条件反射的过程形成的,不良行为也是后天由学习得来的。人本主义认为,人类都有与生俱来的充分发挥其潜能的倾向,心理异常是种种原因使这种潜能的自然倾向被阻断和扭曲。认知心理学认为,不良认知是心理障碍产生的原因。

(三) 社会文化因素

社会文化因素对保持心理健康有重要的影响。不良家庭环境是常见的应激因素,也是成人人格障碍形成的主要因素。某些不良的社会环境会导致吸毒、酗酒、道德败坏及各种犯罪增加。另外,严重的自然灾害、环境污染、工作负担过重、社会结构变迁、各种竞争等,如果超出了个体的适应能力,就会产生心理障碍。

第二节 神 经 症

 案例

老李,65 岁,男性,退休教师。半年前正在家中打扫卫生时,突感心悸、胸闷、胸痛、胸前区压迫感、呼吸困难、喉头阻塞、头晕、震颤、手脚麻木等。立即到医院检查,检查后医生告知他并无大碍。过了一周后上述症状再次发作,又到医院做了检查,结果和上次一样。之后半年中这些症状差不多 2~3 周就发作一次。可是老李换了几家医院检查,医生都说没问题,老李为此十分苦恼,在一家大型医院旁边租了房子住,还要求自己的子女轮流陪伴在自己身边,生怕再次发作时离医院太远,或自己生病时没人发现,不能及时就医和抢救。

请问:1. 请问老李患了哪一种神经症?
   2. 神经症有哪些常见的临床类型?

一、神经症概述

(一) 神经症的概念

神经症不是一个特定的疾病单元,而是包括病因、发病机制、临床表现、病理和预后颇不一致的一大类精神病。目前主要的神经症类型有:恐怖障碍、焦虑障碍、强迫障碍、疑病症、神经衰弱、分离(转换)障碍及其他神经症性障碍等。

(二) 神经症特征

1. 神经症患者自觉其心理或生理症状严重,体格检查不能发现可证实的器质性病变作为其临床症状的基础。

2. 自知力大都完好,无持久的精神病性症状,现实检验能力不受损害。

3. 社会适应良好,行为能保持在社会规范容许的范围内,能坚持工作学习,能与他人交流,能为他人理解和接受。

4. 发病常与心理、社会(环境)因素有关。

5. 病前多具有一定的素质基础和人格特征。

6. 病程多迁延或呈发作性。

二、常见的神经症类型及其临床表现

(一)恐怖障碍

恐怖障碍简称恐怖症,是以对特殊物体、活动或情境产生强烈恐惧为特征的神经症。恐惧症状的共同特征是:①患者对那些特殊物体、活动或情境产生强烈恐惧,恐惧的程度与实际危险不相称。②恐惧时出现头晕、心悸、心慌、颤抖、出汗等自主神经症状。③对产生强烈恐惧的特殊物体、活动或情境极力回避。④患者自己知道恐惧过分、没必要、不合理,但无法控制。常见类型:

1. 场所恐怖症　害怕的对象主要为某些特定的场所,如空旷的广场、黑暗幽闭的场所、人多拥挤的场所、交通工具、单独留家等,当患者进入这种情境时感到紧张、不安,出现头晕、心悸、心慌、颤抖、出汗等自主神经症状,甚至人格解体或晕厥。

2. 社交恐怖症　害怕与人交往或当众说话,担心在别人面前出丑或难堪,因而极力回避的一种恐怖障碍。大多数社交恐怖症只对一种或几种社会交往恐惧。一般情况下可以完全没有症状。害怕社交场合十分广泛的患者,称广泛性社交恐怖症。这类患者可长期脱离社会,无法出门。

3. 单纯恐怖症　害怕对象是除场所恐惧和社交恐惧之外的某一或少数特殊物体、情境或活动。害怕动物、高处、鲜血、雷电、打针、手术、暴露的伤口、害怕在公共场所排尿等都属于单纯恐怖症。单纯恐怖症一般起病于童年,症状多恒定,并多局限于某一特定对象。在儿童中对某一小动物或成年男性的恐惧很普遍,一般情况下,这种恐惧随着年龄增长而消失,所以属于正常现象(图6-1)。

(二)焦虑障碍

焦虑障碍简称焦虑症,是指没有明确客观对象和逻辑根据的过分的担忧和恐惧不安的一种焦虑状态。其表现以焦虑情绪为主,常伴有坐立不安、心慌、心悸、胸闷、口干、出汗、甚至濒死感等临床症状。焦虑并不是由实际危险引起

图6-1　儿童对动物的恐惧

的,其提心吊胆的紧张程度与实际环境不相称。临床上一般将焦虑症分为惊恐障碍和广泛性焦虑两大类。

1. 惊恐障碍　是一种急性焦虑障碍,无明显诱因突然发作,临床表现包括三部分症状:

1)惊恐障碍:患者正在进行日常活动时,突感心悸、胸闷、胸痛、胸前区压迫感、呼吸困难、喉头阻塞、头晕、震颤、手脚麻木等。严重者出现过度换气、濒死感,或即将失去理智。这种感觉紧张的心情使患者难以忍受。因而惊叫、呼救。这种发作,一般历时5~20分钟,很少超过一小时。

2)预期焦虑:多数患者在反复出现惊恐发作之后的间歇期,担心再次发作,也可以出现紧张不安、担惊受怕等焦虑症状。

3)回避行为:由于患者担心再次发作得不到帮助,因而不愿意单独出门,不愿意到人多的场合去,或出门要他人陪伴。

2. 广泛性焦虑　是一种慢性焦虑障碍,是焦虑障碍最常见的表现形式。起病缓慢,常无明显诱因。主要症状:

1)焦虑和担心:表现为对未来可能发生、难以预料的某种危险或不幸事件的过度担心。致使患者终日忧心忡忡、诚惶诚恐。注意力难以集中,对其日常生活中的其他事物皆失去兴趣。

2)运动性不安:患者坐立不安、来回走动、搓手顿足、身体震颤或自感震颤。有的患者肌肉紧张至肌肉疼痛,经常感到疲乏。

3)植物神经功能紊乱:头晕、心悸、胸闷、呼吸困难、喉头阻塞、手脚麻木等。

4)患者过分警觉。

知识链接

焦虑情绪与焦虑症的区别

每个正常的人,几乎都有过焦虑的体验,即面临某一种特殊的情境下产生的一种紧张不安和忧心忡忡的情绪体验。例如,考试前的焦虑情绪,这样的焦虑是建立在某一客观的情境之上的,符合客观规律的,这种情绪可随着客观情境的消失而消失。

而焦虑症的紧张不安和忧心忡忡,是无明显诱因的,甚至是莫名其妙的,持续的,伴有躯体症状的。即使是有诱因,其症状的严重程度与诱因也不相称。比如:总是担心不幸即将降临在自己和亲人的头上。

(三)强迫障碍

强迫障碍简称强迫症,是指一种以强迫症状为主要临床表现的神经症。其特点是患者有意识的自我强迫和反强迫并存,并为此焦虑和痛苦,患者能意识到强迫症状的异常性,但无法摆脱。

1. 强迫观念

(1) 强迫怀疑:患者对自己言行的正确性反复产生怀疑,明知道没有必要又无法摆脱。

(2) 强迫性穷思竭虑:患者对日常生活中的一些事情或自然现象,寻根问底,反复思考,明知道没有意义,又控制不住思索。

(3) 强迫回忆:患者经历过的事件,不由自主地在头脑中浮现,无法摆脱,感到苦恼。

(4) 强迫联想:患者脑中出现一个观念或语句,便会不由自主联想起另一观念或语句。这些联想的出现违背患者的主观愿望,但又无法摆脱。

2. 强迫行为

(1) 强迫检查:患者出门时反复检查门窗是否关好,写完作业或文章后反复检查其内容,检查有无错误之处。

(2) 强迫洗涤:患者为了消除受到脏物、毒物或细菌污染的担心,常反复洗手、洗衣物或洗澡等。有的患者不仅自己反复洗涤,还要求身边的人也要一起彻底清洗。

3. 强迫意向　患者反复体验到,想要做某种违背自己意愿的动作或行为的强烈的内心冲动。患者明知是荒谬的,不合理的,控制自己不去做,但又无法摆脱这种冲动。

(四) 疑病症

疑病症是一种以担心或相信自己患严重躯体疾病的持久性优势观念为主的神经症,患者因为这种症状反复就医,各种医学检查阴性和医生的解释,均不能打消其疑虑。即使患者有时存在某种躯体障碍,也不能解释所诉症状的性质、程度及患者的痛苦与优势观念。临床表现有:①对躯体疾病过分担心,其严重程度与实际情况明显不相称。②对健康状况,如通常出现的生理现象和异常感觉做出疑病症性解释,但不是妄想。③牢固的疑病观念,缺乏根据,但不是妄想。

(五) 神经衰弱

神经衰弱指一种以脑和躯体功能衰弱为主的神经症,以精神易兴奋却又疲劳为特征,表现为紧张、烦恼、易激惹等情绪情感方面的症状,以及肌肉紧张性疼痛和睡眠障碍等生理功能紊乱症状。这些症状不是继发于躯体或脑的疾病,也不是其他任何精神障碍的一部分。多缓慢起病,就诊时往往已有数月的病程,并可追溯导致长期精神紧张、疲劳的应激因素,病程持续或者时轻时重,主要临床表现有:

1. 脑和躯体症状　以脑和躯体功能衰弱症状为主,特征是持续和令人苦恼的脑力易疲劳和体力易疲劳,经过休息或娱乐不能恢复。

2. 情感症状　如烦恼、精神紧张、易激惹等,常与现实生活中的各种矛盾有关,感到苦难重重,难以应对。可有焦虑抑郁,但不占主导地位。

3. 兴奋症状　如感到精神易兴奋,回忆联想增多,但无言语运动增多。有时对声光很敏感。

4. 躯体症状　如肌肉紧张性疼痛或头晕。

5. 睡眠症状　如入睡困难、多梦、醒后仍感疲惫、睡眠感丧失、睡眠与觉醒节律紊乱。

6. 其他心理生理障碍　如头晕眼花、耳鸣、心慌、胸闷、腹胀、消化不良、尿频、多汗、阳痿、早泄或月经紊乱等。

第三节　人格障碍

一、人格障碍概述

人格障碍又称人格变态或病态人格,自古有之,但其定义难以精确规定。近年来倾向于认为人格障碍是人格特质的过分发展或病理性增强,这种极端发展的人格特质招致严重适应不良和显著的功能障碍。ICD-10(1992)和DSM-Ⅳ(1994)指出人格障碍具有三个要素。①早年开始,于童年或少年起病。②人格的一些方面过于突出或显著性增强,导致牢固和持久的适应不良。③对本人带来痛苦或贻害周围。关于人格障碍是否是精神疾病历来争议较大。随着研究的深入,目前倾向认为人格障碍是精神疾病。人格障碍与神经症间的关系密切,即人格障碍有助于神经症的发生,神经症也有助于人格障碍的形成,而且二者共病的机会较高。

二、人格障碍的类型及其临床表现

(一) 偏执型人格障碍

这种人格障碍以猜忌和固执为特点,多见于男性,始于成年早期,有的终身如此,还有的可能是偏执型精神分裂症的前奏。随着年龄的增长,人格趋向成熟或随着应激减少,偏执症状大多缓解。其特点表现为:

1. 固执、敏感多疑、过分警觉、好嫉妒、心胸狭窄。

2. 自我评价高,过分自负和以自我为中心,如果受到质疑则出现争论、诡辩,甚至冲动攻击和好斗。

3. 不愉快、无安全感,缺乏幽默感,常处于戒备和紧张状态中,具有将其周围或外界的事件解释为"阴谋"等的非现实性优势观念。

4. 容易发生病理性嫉妒。

(二) 反社会型人格障碍

这种人格障碍以不符合社会规范,高度的攻击性,缺乏羞愧感,社会适应不良等为特点,多见于男性,始于童年或少年期(18岁前),其中多数人成年后习性不改,用法律和医学

方法处理无效,亦无有效的预防措施。其特点表现为:

1. 高度攻击性 具有高度的冲动性和攻击性,也有极少数的无攻击性行为。

2. 行为无计划性 患者的行为多数受偶然冲动,情绪冲动或本能愿望驱使,缺乏计划性和预谋。

3. 无羞愧感 一般认为这类人无羞愧感,缺乏与焦虑相关的自主神经反应。不能从经验,特别是受到处罚的经验中吸取教训。

4. 社会适应不良 其行为常常与社会规范有显著差异,可出现多种形式的犯罪,趋向伴发药物或酒精滥用。

(三)分裂样人格障碍

这种人格障碍以思维、行为古怪、退缩、隐匿为特点,多见于男性,这类人通常被认为是边缘型精神分裂症。国内外治疗指出,半数以上精神分裂症患者病前人格是分裂样的。其特点表现为:

1. 表现退缩、孤独、被动、隐匿,除与生活和工作中必须接触的人之外,基本不与其他人交往。

2. 无爱好、情感冷漠,不仅自己不能体会快乐,也不能表达对他人的关心、体贴以及愤怒等。

3. 对赞扬和批评无动于衷。

4. 未丧失认识现实的能力,过分沉湎于幻想和内省性隐蔽。

5. 活动能力差,缺乏进取性,在遵循社会各规范方面存在困难,可导致行为怪异。

(四)表演型人格障碍

表演型人格障碍也称癔症性人格。这种人格障碍以人格不成熟和情绪不稳定为特点,多见于女性,癔症的病前人格为表演型者仅20%,而非常严重的表演型人格障碍却可终生不发生癔症。其特点表现为:

1. 自我表演,过分做作,以夸张性或戏剧性行为表达情感。

2. 暗示性和依赖性特别强,自我放纵,自我中心,不为他人考虑,对人情感肤浅,难以和周围的人保持长久的社会联系。

3. 渴望理解和表扬,高度幻想,追求刺激,不能忍受寂寞。

4. 外表和行为显示不恰当,打扮得花枝招展,但性生活被动,言行举止似儿童,情绪不成熟。

(五)强迫型人格障碍

这种人格障碍以过分谨慎、追求完美以及苛求细节为特点,男性多于女性,道德观念强的人易于发生。强迫性神经症病前为强迫性人格者为72%。其特点表现为:

1. 他们以高标准要求自己,凡事反复核对,苛求细节。为此,表现焦虑、紧张和苦恼。

2. 他们道德感和责任感过强,自我克制,过分自我关注,平时拘谨,小心翼翼,对自身过分谨慎,思想得不到松弛。

3. 他们事先计划好,而且过于详细,过分迂腐,刻板与固执。

(六)冲动型人格障碍

这种人格障碍以冲动性和缺乏冲动控制为特点,男性多于女性。他们在不发作时是正常的,事后后悔,但不能阻止再发作。其特点表现为:

1. 暴力或威胁性行为的暴发很常见,在其他人加以批评时尤为严重,自己完全不能克制。

2. 对事物的计划性和预见性能力明显受损。

3. 不能坚持任何没有即刻满足的行为。

4. 不稳定和反复无常心境。

5. 容易产生人际关系紧张或不稳定,导致情感危机。

(七)依赖型人格障碍

这种人格障碍以过分依赖为特征,多为女性。其特点表现为:

1. 这类人缺乏自信,不能独立生活,将自己的需要附属于他人,感到自己无能、无助、笨拙,一切悉听他人决定。

2. 过分沉浸于被遗忘或被遗弃的恐惧之中,不断要求别人对此作出保证,独处时便感到极大的不适。

3. 当与他人的亲密关系结束时,有被毁灭和无助的体验。

4. 喜欢把责任推给别人,以应对逆境。

第四节 成　　瘾

一、成 瘾 概 述

成瘾是指个体长期反复从事某种活动或使用某种物质,有强烈渴求及不择手段地求得,以及对此耐受量增大和停用后出现戒断反应等。虽然带来不良后果,但仍无法控制。如吸毒、酗酒、赌博、网络成瘾等,都属于病态的成瘾。这些病态的成瘾影响了个体正常的心理、生理和社会功能,给个体带来痛苦,给社会造成危害,在许多国家已成为重大的公共卫生和社会问题。

所谓依赖是指一组由反复使用精神活性物质引起的行为、认知和生理病态群,包括强烈的对精神活性物质的渴求;尽管明知对自身有害,但难以控制持续使用;耐受性增加、有戒断症状和强迫性觅药行为。所谓精神依赖是指由于反复使用精神活性物质使机体产生了病理性适应改变,以至于需要精神活性物质在体内持续存在,否则机体不能正常工作,临床表现为耐受性增加和戒断症状。

耐药性是指反复使用某种药物后,其药效逐渐减低,如要取得与用药初期同等效力,必须增加剂量。精神活性物质依赖的患者中有的产生耐药性,有的不产生耐药性。

成瘾现象与人类文明共生,它的发生可追溯至少五千年的历史。成瘾行为已经发展成为影响人类心身健康的全球性灾难,据世界卫生组织统计,全球每年大约有 10 万人死于吸毒,由此而丧失劳动能力者约千万之众。目前,世界精神学界、行为医学界普遍认为成瘾行为属于脑部疾病,从而对成瘾问题的看法由道德角度转入了医学角度。

二、成瘾的分类

成瘾的分类方法比较多,这里主要介绍两种。

(一)药理学分类

1. 中枢神经系统兴奋剂 能兴奋中枢神经系统。如咖啡因、苯丙胺、可卡因。

2. 中枢神经系统抑制剂 能抑制中枢神经系统。如巴比妥类,酒精等。

3. 大麻 大麻是一种独特的精神活性物质,它的化学结构及药理作用,难以归类到现有的任何一种精神药物中。使用后可使人产生欣快感,增加剂量可使人陷入深沉而爽快的梦幻般的睡眠中。

4. 致幻剂 能改变意识状态或知觉感受,如麦角酸二乙酰胺、仙人掌毒素等。

5. 阿片类药物 指由阿片或从阿片中提取的生物碱,如海洛因、吗啡等吗啡衍生物,及具有吗啡作用的化合物如哌替啶(度冷丁)。

6. 挥发溶剂 如丙酮、苯环己哌啶等。

(二)根据使用环境分类

1. 社交性成瘾物质 在普通场所可以买到的,用于社交使用。如香烟、酒、网络类等。

2. 处方用药品 在医院可以买到的,用于治疗某些疾病。如吗啡、度冷丁等。

3. 非法成瘾物质 在任何场合下都禁止使用,由于这类物质成瘾性大,对使用者心理、身体损害较大,所以称之为毒品。如海洛因、冰毒等。

 知识链接

网 络 成 瘾

网络成瘾综合征(LAD)是指慢性或周期性的对网络着迷状态,产生不可抗拒的渴望与冲动,上网后欣快,下网后出现戒断反应,出现生理或心理的依赖现象。网络成瘾可造成躯体损害和精神损害。躯体损害如睡眠障碍、精神萎靡、认知异常,严重者可导致死亡;精神损害如影响心理健康发展,人际关系弱化,阻碍人生追求等。

三、成瘾的临床表现

（一）依赖综合征

依赖综合征是个体反复使用某种精神活性物质导致躯体或心理方面对某种物质的强烈渴求和耐受性。主要临床表现有：反复使用某种精神活性物质，有使用某种物质的强烈渴求，对使用某种物质的自我控制能力下降，明知道该物质有害仍使用，使用该物质的耐受性增高，使用时有快感，减少或停止使用后出现戒断症状，使用该物质导致放弃其他活动或爱好，同时社会功能受损。

（二）戒断综合征

戒断综合征是因停用或减少精神活性物质所致的综合征，由此引起精神症状、躯体症状，或社会功能受损。主要临床表现有：

1. 精神症状　意识障碍，感知觉异常，注意力不集中，记忆力下降，情绪改变，精神病性症状，人格改变等。

2. 躯体症状　寒战、体温升高；出汗、心律失常；手颤；流泪、流涕、打哈欠；瞳孔改变；骨痛、肌肉疼痛、全身疼痛；恶心、呕吐、腹痛、腹泻；抽搐或晕厥等。

本章小结

　　心理障碍是指个体在各种因素的作用下丧失了正常的心理功能，从而影响了个体的社会功能，有些可伴有生理功能异常。心理障碍形成的主要原因包括生物学因素、心理和社会因素。

　　神经症不是一个特定的疾病单元，而是包括病因、发病机制、临床表现、病理和预后颇不一致的一大类精神病。目前主要的神经症类型有：恐怖障碍、焦虑障碍、强迫障碍、分离（转换）障碍及其他神经症性障碍等。人格障碍是人格特质的过分发展或病理性增强，这种极端发展的人格特质导致严重适应不良和显著的功能障碍。常见的人格障碍的主要类型有：偏执型人格障碍、反社会型人格障碍、分裂样人格障碍、表演型人格障碍、强迫型人格障碍、冲动型人格障碍、依赖型人格障碍。成瘾是指个体长期反复从事某种活动或使用某种物质，有强烈渴求及不择手段地求得，以及对此耐受量增大和停用后出现戒断反应等。

　　通过本章的学习，我们对心理障碍形成的原因，心理障碍的类型和临床表现有了一个基本的了解。本章的论述表明，不论是哪一种类型的心理障碍，都会给人类的生活造成不良影响，甚至导致社会功能丧失。因此，维护心理健康，培养健全的人格是非常重要，也是非常必要的。

（付广燕）

一、名词解释

1. 心理障碍

2. 人格障碍

二、选择题

1. 不属于心理障碍判断标准的是

    A. 内省性标准   B. 统计学标准   C. 医学标准

    D. 法律标准   E. 社会适应标准

2. 不属于心理障碍形成原因的是

    A. 生物学因素   B. 自然因素   C. 心理因素

    D. 社会因素   E. 文化因素

3. 下列说法中不正确的是

    A. 神经症病前多具有一定的素质和人格特征

    B. 自知力基本完整

    C. 发病常与心理、社会因素有关

    D. 无精神病症状

    E. 有可证实的器质性病变做基础

4. 神经症不包括

    A. 精神分裂症   B. 恐怖障碍   C. 焦虑障碍

    D. 强迫障碍   E. 神经衰弱

5. 关于广泛性焦虑,正确的是

    A. 急性焦虑   B. 慢性焦虑

    C. 不常见的焦虑   D. 有明确的客观恐惧对象

    E. 符合症状标准至少 1 年

6. 常见的人格障碍中不包括

    A. 偏执型人格障碍   B. 分裂样人格障碍

    C. 撒谎型人格障碍   D. 反社会型人格障碍

    E. 强迫型人格障碍

7. 人格障碍有以下特征

    A. 早年开始,于童年或少年起病

    B. 人格的一些方面过于突出或显著性增强,导致牢固和持久的适应不良

    C. 对本人带来痛苦或贻害周围

    D. 矫正困难,预后不良

E. 以上说法都对

8. 下列说法正确的是

    A. 偏执型人格障碍以过分依赖为特点

    B. 反社会型人格障碍以过分谨慎、追求完美以及苛求细节为特点

    C. 分裂样人格障碍以观念、行为和外貌装饰的奇特、情感冷漠及人际关系明显缺陷为特点

    D. 强迫型人格障碍以人格不成熟和情绪不稳定为特点

    E. 表演型人格障碍以不符合社会规范,高度的攻击性,缺乏羞愧感,社会适应不良等为特点

9. 下列不属于成瘾的是

    A. 吸毒   B. 酗酒   C. 病理性赌博

    D. 每天吃降压药物   E. 网瘾

10. 下列成瘾物质按使用环境分类的是

    A. 中枢神经系统兴奋剂   B. 中枢神经系统抑制剂

    C. 社交性成瘾物质   D. 阿片类药物

    E. 大麻

第七章 心理评估

07章 数字资源

第一节 心理评估概述

案例

　　小薇,女,17岁,某中专二年级学生。两年前其祖父患癌症去世,误信癌症可能会遗传,就非常担心。小薇某天无意中看到报纸上说痣可能会癌变,发现自己身上有好几个,就特别担心,找医生咨询,虽然医生说她的痣不会癌变,但她不相信,到处找医生咨询、检查,由于不能确诊,感到非常着急,情绪急转直下。

　　请问:1. 从小薇目前的情况和表现来看,她到底出了什么问题?

　　　　　2. 小薇的问题用什么方法能作出评定?

一、心理评估的概念

　　心理评估是应用心理学的理论和方法对评估对象的心理品质及其水平作出全面地、系统地和深入地客观描述,并进行分类、鉴别与诊断的过程。心理评估已广泛应用于心理学、医学、护理学、教育学、人力资源、军事、司法等领域。其中为临床目的所用时,被称为临床心理评估。

在医疗领域内,临床心理评估的作用非常重要。它可以为心理咨询和心理治疗提供依据,对心理治疗和心理咨询的效果进行评价,为预防和治疗心身疾病、心理障碍提供依据。在鉴别诊断精神病、神经症、智力缺陷等方面也需要借助心理评估的方法。对于正常人群而言,通过心理评估可以了解个体的心理特征,开展有效的心理卫生指导。在人才选拔、因材施教、就业指导等方面具有咨询鉴定和预测的功能。目前许多研究报告都采用心理测验和评定量表的方法对数据进行统计分析。

心理评估的目的不同,其评估的基本程序会有一定的差异,但从总体上说,评估的基本程序是类似的。临床心理评估的基本程序为:①确定评估目的,如是鉴定智力还是人格测试,或是作出有无心理障碍的判定。②详细了解被评估者当前的心理问题,了解问题起因与发展及可能的影响因素。③对被评估者的一些特殊问题、重点问题深入了解和评估,通过运用心理评估的方法来实现评估目的。④作出评估结论,分析、处理所搜集资料,写出评估报告,并对当事人及有关人员进行解释,确定下一步处理问题的目标。

二、心理评估的常用方法

(一)观察法

1. 观察法的概念和分类

(1) 观察法的概念:观察法是指研究者直接观察、记录个体或团体的行为活动,从而分析研究两个或多个变量间存在什么关系的一种研究方法。观察法是临床心理评估的常用方法。

(2) 观察法的分类:①根据时间长短分为长期观察和定期观察。②根据形式不同分为住院观察和门诊观察。③根据内容不同分为一般观察和重点观察。

2. 观察法的内容　项目包括:目标行为、观察持续时间(一般每次 10~30min)、观察地点、观察者的条件、实施过程和资料记录。

3. 观察法的特点

(1) 优点:①真实性。②自然性。③及时性。④独特性。

(2) 缺点:①无法重复观察。②易受观察者主观意识的影响。③不能直接观察到人们内部的心理活动。④不适合对集体的评估。

(二)访谈法

1. 访谈法的概念与分类

(1) 访谈法的概念:访谈法是访谈者与被访者之间所进行的一种有目的的交谈。通过交谈以补充和验证所获得的资料,为临床心理咨询、心理治疗和心理干预提供依据,是心理评估中搜集资料的一种重要技术和方法。

(2) 访谈法分类：结构式访谈、非结构式访谈(自由式访谈)和半结构式访谈。

2. 访谈法的内容　建立良好的关系、恰当地提问(开放式提问、封闭式提问)、有效地倾听(要注意耐心、专注、适度的回应、不作道德或正确性的评判)、追问、整理与分析。

3. 访谈法的特点

(1) 优点：①灵活性。②实用性。

(2) 缺点：①访谈结果常受到访谈者素质的影响。②不易量化。③难以完整地记录。④费时费力。

(三) 心理测验法

心理测验是很重要的心理评估方法，心理测验对心理现象的某些特定方面进行系统评定，并且测验一般采用标准化、数量化的原则，把所得结果与参照常模进行比较分析。常见的有智力测验、人格测验、特殊能力测验、症状评定等。这一方法的优点是对心理活动进行量化测量，比较客观，但应用不当也会造成不良后果。因此，对心理测验的应用和测验结果的解释应当慎重，不可滥用或夸大。

三、心理评估的原则

1. 标准化原则　心理评估或测验时要采用公认的标准化的工具，测验方法要严格根据测验手册的规定执行，它是提高测验结果的信度和效度的必要保证。

2. 保密性原则　心理评估或测验结果和解释只能透露给必须告知的极少数人，测验结果也不得随便查阅。心理评估材料必须由专业人员保管和使用，不可以向社会泄露，以免造成滥用。

3. 客观性原则　对心理评估或测验结果作出判断和评价时要客观、真实。在对心理测验结果评价时应结合被评估者的生活经历、家庭、社会环境以及通过访谈法、观察法所获得的各种资料进行全面考虑。

4. 动态实时原则　心理评估过程必须坚持"动态、实时"。被评估者的心理活动除随心理问题与环境变化波动外，还可受社会、家庭、年龄、性别，自身认知能力、情绪、意志和人格特征等影响。在临床上对有心理问题和心理障碍的被评估者进行连续评估时，要注意任何时间都有发生心理变化的可能。

5. 综合性原则　心理评估的各种方法各有其长处和不足，可酌情同时或交替使用2~3种评估方法，综合多渠道所获信息，这样才能比较准确地评估被评估者的心理状态，识别他们的心理和行为问题、心理危机及其影响因素。

第二节 心理测验

案例

求助者,女性,汉族,22岁,未婚,大学三年级学生。

求助者自述:考入大学后,起初学习生活还比较适应,只是朋友较少,与人交往不多。一年半前与同寝室的一位同学因小事发生争吵,虽然事情已经过去,但却总想着这件事,感觉那位同学总跟自己过不去。为此,爱胡思乱想,尽量避免与人接触,逐渐失眠多梦,白天感到疲劳,头晕、没有精神,食欲较差,注意力不集中,记忆力减退,学习成绩明显下降。想尽快地摆脱这种现状,但就是摆脱不了,很痛苦,曾向父母和个别朋友诉说,并去校医院看医生,未见明显地改变。情绪变得急躁,精神总是感到紧张,常常因很小的事情就发脾气。后到心理门诊寻求帮助,迫切地要求能够解决问题。

咨询师观察、了解到的情况:求助者自幼身体健康,未患过严重的疾病,家庭中未发生过重大的变故。家中经济条件较为优越。由于是独女,很受父母宠爱,同时管教也很严厉,养成了做事情追求完美的习惯。性格比较内向,不善言谈,喜欢安静,很少与同伴玩耍。从小学到中学,学习成绩一直名列前茅。

请问:对该案例应该选择何种心理测验?

一、心理测验的概念

心理测验是依据心理学理论,使用一定的操作程序,通过观察人的少数有代表性的行为,对于贯穿在人的全部行为活动中的心理特点做出推论和数量化分析的一种科学手段。

心理测验是伴随着心理科学的诞生,借鉴了实验心理学的方法而出现的。1897年德国心理学家威廉·冯特在莱比锡大学建立了第一个心理学实验室,从事感知觉和反应时的研究。美国心理学家卡特尔(Cattell)从事对个别差异的研究,首先提出了"心理测验"的概念。英国心理学家高尔顿(Galton)对心理测验的运用和完善发挥了重要作用。

心理测验有其独特性:①间接性,人的心理活动无法直接测量,只能测量其外显行为,通过被评估者对测验项目的反应来推断出他的心理特质。②相对性,对人的行为进行评估时,没有绝对的标准,只是一个连续的行为序列,这个序列是由团体或人群的行为特点或心理特点构成的,因此,从测验结果只能看出每个人在这个序列上的位置。③客观性,测验的题目是在实证分析的基础上确定的,并经过标准化,对实验刺激—反应的量化,对结果的推论等都是客观的。

二、心理测验的分类

心理测验根据测验目的、测验方法、测验材料的性质、测验组织方式等可以有不同的分类。

(一)按测验目的划分

1. 智力测验　测验应用于智力发育水平的鉴定和脑器质性损害及退行性病变的测量,也可以为特殊教育和职业选择提供参考。常用的有比奈智力量表、韦克斯勒智力量表、瑞文智力量表等。

2. 人格测验　应用于测量不同情境中个人典型行为表现的一类心理测量工具的总称。如可以测量性格、气质、情绪、兴趣、动机、态度等个体心理特征。在临床上多用于某些心理障碍的诊断和病情愈后的参考及心理咨询的人格评价。一般有两类测验方法。一类是问卷法,如明尼苏达多项人格测验(MMPI)、卡特尔16种人格因素测验(16PF)、艾森克人格问卷(EPQ)等。另一类是投射法,如罗夏墨迹测验和主题统觉测验(TAT)。

3. 特殊能力测验　测验个人的某一特殊潜在的能力倾向,多用于升学的专业选择、就业指导及特殊工作人员的筛选等。如测量个体的思维、记忆、音乐、绘画、机械技巧等方面的特殊能力。

4. 症状评定量表　测验主要是评定心理问题和心理障碍的有关症状,多应用于心理咨询和治疗。常用的有症状自评量表(SCL-90)、焦虑自评量表(SAS)、抑郁自评量表(SDS)等。

5. 神经心理测验　测验用于评估正常人和脑损伤患者脑功能状态。测验可以作为脑器质损害的辅助诊断及对脑与行为关系的学术研究依据。常用的有 H-R 神经心理成套测验。

(二)按测验方法划分

1. 问卷测验　测验是将文字组成的各种问题(项目)呈现给被试,让被试在有限的几种答案上作出选择,并对应答反应的结果进行分析。如 MMPI、EPQ、16PF 等。

2. 操作测验　用实物或模型工具构成测验项目,以操作方式让被试作答,根据操作结果评定分数。如韦氏智力测验中的图形拼凑和图片排列等。这种方法不受文化因素限制,便于对学前儿童和没文化的成人进行测验。

3. 投射测验　又称无结构测验。测验材料无严谨结构,如无明确内容的墨迹、主题不明确的图画等,要求被试按照自己的理解、体验和想象做出解释,从而投射出被试的人格特征、情绪情感或内心冲突等。投射测验多用于测验人格,也用于异常思维的发现。如罗夏墨迹测验、主题统觉测验、自由联想测验和填词测验等。

（三）按测验材料的性质划分

1. 文字测验　测验的项目和回答都是用文字表达。如 MMPI、SCL-90 等。

2. 非文字测验　也称操作测验。测验项目多由实物、模型、图片等直观的材料组成，测验多以操作方式进行。如罗夏墨迹测验、联合瑞文测验、韦氏智力测验的填图、图形拼凑等。

（四）按测验的组织方式划分

1. 个别测验　指每次测验是以一对一的方式进行的，即一个主试只测验一个被试，是临床上常用的心理测验形式。个别测验有助于对被试进行更细致的观察和充分交流，结果比较可靠。但耗时长，在短时间内难以获取大量资料。

2. 团体测验　指一个或几个主试同时对多个被试实施的测验。团体测验很难对被试的行为具体把握，所得结果不如个别测验可靠。

三、心理测验的条件

（一）心理测验工具的要求

1. 标准化　使用公认的标准化心理测验、标准化指导语、标准化施测方法、固定的施测条件、标准记分方法、代表性的常模。对不同的被试来说施测的条件都是相同的，这样不同被试的结果可以相互比较，减少无关因素对测验的影响。

2. 信度　指一个测验对同一个被试在不同时间内重复测量所得结果的一致程度。信度是标准化测验的基本要求之一，若测验的信度不够理想，其所测量的结果就不能认为代表被试的一致和稳定的行为表现。

3. 效度　指一个心理测验的有效性和准确性，即指能够达到所要测量的目的。效度越高则表明该测验结果所代表要测量行为的真实度越高。如果一个测验测得的不是所要测量的东西，就无法解释测验结果的真实意义，那么这个测验就不是一个有效的测验。效度和信度的关系是：信度低、效度肯定低；而效度低，信度不一定低。

4. 常模　指通过对正常人群进行标准化测验之后所获得的一种比较标准，是测验的参考分数，是解释测验结果的依据。常模有年龄常模、百分等级常模、标准分常模等。

（二）心理测验的实施要求

1. 对主试的要求　一名合格的主试要经过严格的心理测验培训，具备心理学和医学等相关知识，熟悉测验内容、功能和使用范围，操作熟练。测验过程中保持身心状态良好，情绪稳定，态度中性，要有耐心，能协调好与被试的关系，使测验顺利完成。

2. 慎重选择测验　每一种心理测验都有它的目的和适用范围，要根据被试的需要慎重选择。不能仅根据测验名称来选择，也不能选用未经标准化、信度和效度不合格的测验，尽量选用熟悉和有使用经验的测验。

3. 对被试的要求　在进行心理测验时,要求被试应具有良好的身心状态,了解测验的目的,熟悉测验的程序,态度认真、精神集中地完成测验。

4. 施测环境　测验环境应以安静、舒适、温馨,温度适中为宜,保密性要好,尽量排除干扰。

5. 注意保密　要求主试对测验工具的内容及对被试测验的结果进行保密。

6. 正确看待测验结果　心理测验结果只是参考,要避免对结果评价绝对化。

 知识链接

心理测验还是心理游戏

如今,在互联网上,心理测验随处可见。有的网站还提供在线心理测验,并可以即时得到测验结果。究竟我们该如何看待网络上的"心理测验"呢? 其实在专业心理学类网站提供的心理测验还是很科学的,他们一是为了普及心理学和心理测量的知识;二是为了促进心理测验在社会各个领域中的应用;三是利用网上资源,为编制新的测量工具收集数据。在一定程度上,这种测验可以给人们以心理帮助,但测验要在专家指导下进行,结果也要由专家解释。而相当多的非心理学类专业网站,往往利用心理测验,来吸引网民,提高网站的访问率,是为了经济利益。这些所谓的"心理测验"充其量只是心理游戏,不能作为科学的心理测量工具,不可全当真。

四、常用的心理测验

(一) 智力测验

智力是多种能力的综合,是由多种因素组成,其中最基本的因素是观察力、记忆力、思维力、想象力、注意力,而以思维和想象力为核心。智力测验可以对个体智力水平的高低作出评估,还可以反映出与个人智力有关的其他精神病理状况。智力测验是心理诊断中最常用技术之一,主要用于临床评估患者的智力水平和智力能力损伤或衰退的程度,以及甄别儿童智力发展水平。

1. 智商等级标准　智商的等级划分,是以统计学的正态分布理论为依据的。目前主要采用智商(IQ)分级方法,这也是国际常用的分级方法(表7-1)。

表7-1　韦氏智力量表智商等级标准

智力等级	IQ	百分比/%
超常	130 以上	2.2
优秀	120~129	6.7

智力等级	IQ	百分比/%
高于平常	110~119	16.1
平常	90~109	50.0
低于平常	80~89	16.1
临界低智	70~79	6.7
智力缺陷	69以下	2.2

2. 常用智力测验

(1) 比奈-西蒙量表：比奈-西蒙量表是智力测验最早使用并代表一个类型的智力量表。该量表第一次由法国心理学家比奈(A.Binet)和西蒙(T.Simon)二人于1905年编制而成，称为比奈-西蒙量表，这是世界上第一个智力量表，后来于1908年、1911年分别作了修订。美国斯坦福大学教授推孟(L.M.Terman)在1916年修订后称为斯坦福-比奈智力量表。斯坦福-比奈智力量表最大特点是引入智力商数的概念，使智力分数可以在不同年龄间比较，从而进一步发展和完善了比奈以智力年龄评定智力的方法，并建立了常模，这是心理学史上的一个创新。1986年公布第四次修订版。量表共包含15个分测验，可以评定言语推理、数量推理、抽象、视觉推理和短时记忆等认识领域。

我国比奈智力量表最早是由心理学家陆志伟在1924年修订的，随后在1937年进行了第二次修订，心理学家吴天敏于1982年完成了第三次修订，称《中国比奈测验》。修订量表适用于2~18岁的被试者。量表共有51个项目，从易到难排列，每一年龄阶段有3个项目。测验内容包括语义解释、理解、计算、推理、比较、记忆、空间知觉等方面的能力。

(2) 韦克斯勒智力量表：美国的韦克斯勒(D.Wechsler)教授于1939年编制了Wechsler-Bellevue量表(Wechsler-Bellevue intelligence，WBI)，1955年经修订成为目前使用的韦克斯勒成人智力量表(Wechsler adult intelligence scale，WAIS)，适用于16岁以上者。韦克斯勒于1946年和1967年先后编制韦克斯勒儿童智力量表(Wechsler intelligence scale for children，WISC)，适用于6~16岁的被试者；韦克斯勒学龄前儿童智力量表(Wechsler preschool and primary scale of intelligence，WPPSI)适用于4~6岁的被试者。这样三个量表相互衔接，可以对从4岁幼儿到74岁老年人的智力进行测量。韦氏量表是目前首推的权威智力量表之一。

韦克斯勒智力量表分为两大类：一类是言语测验，组成言语量表(VS)，测得人的言语智商(VIQ)。另一类是操作测验，组成操作量表(PS)，测得人的操作智商(PIQ)。两个量表合称全量表(FS)，其智商称为全智商(FSIQ或FIQ)，以FIQ代表被试者的总智商水平。其中言语量表(VS)包括：知识、领悟、算数、相似性、数字广度、词汇6个分测验，操作量表(PS)包括：数字符号、画图填充、木块图、图片排列、物体拼凑5个分测验。

测验题目举例：

1）图片排列：每组图片的内容有内在联系，要求被试在规定的时间内将图片排列成一个有意义的故事（图7-1），其中第一项告知是关于"鸟巢"的故事，从第二项开始便不告知是关于什么的故事。如果第一、第二项失败，便停止分测验，否则应完成全部测验。

图7-1　图片排列测验图例

2）图形拼凑：共有四套分割成若干块的图形板，主试将凌乱的拼版呈现给被试，要求他们拼出一个完整的图形（图7-2）。

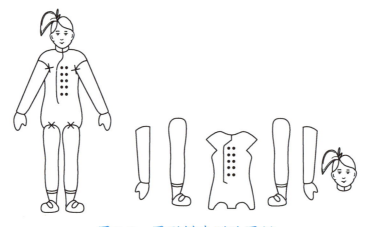

图7-2　图形拼凑测验图例

（3）联合瑞文测验：是由英国心理学家瑞文于1938年设计的一种非文字智力测验，测验比较方便，在教育界、心理界、医学界广泛使用。测验共包括标准型、彩色型和高级渐进方阵三套测验。联合瑞文测验适用于5~75岁以内的人进行智力等级测量。测验可用于有言语障碍者的智力测验，可以跨越语种和民族进行测验研究。测验材料是72幅图案构成的72个测题的图册，每个题目由一幅缺少一小部分的大图案和作为选题的6~8张小图案组成。测验二级评分，即答对给1分，答错为0分。计算总分得到测验的原始分数，再将原始分数换算成百分等级，将百分等级转化成IQ分数进行评估。

（二）人格测验

人格测验是用来评定个体人格心理特征的一种技术，临床上常用作诊断工具。人格测验种类很多，但最常用的方法可归纳为问卷法和投射法两大类。属于问卷测验的有:明尼苏达多项人格测验(MMPI)、卡特尔16种人格因素测验(16PF)、艾森克人格问卷(EPQ)、A型行为类型评定量表。属于投射测验的有罗夏墨迹测验和主题统觉测验等。

1. 问卷法人格测验

(1) 明尼苏达多项人格量表(MMPI)由美国明尼苏达大学哈萨威和麦金利1940年编制而成,1945年正式出版,1966年进行修订。该量表偏重病理人格方面的测量,选择内容比较广泛,自问世以来,应用非常广泛。1980年,我国宋维真等完成了MMPI量表的修订工作,并制定了全国常模。

1989年布契尔等对MMPI进行修订,称MMPI-2。MMPI-2已引入我国,2003年完成手册编制及计算机化操作。MMPI-2更加适应现代人的心理特征,应用范围更加广泛,主要适用于精神疾病的辅助临床诊断、司法鉴定、心理治疗和心理咨询、人才选拔、特殊技能军事人员的选拔与训练、社会问题、跨文化心理研究等,且其适用范围还在不断扩展之中。该量表的优点是较为客观和系统,不足之处是对诊断的鉴别力较差,还受教育及社会文化背景的限制。

MMPI-2提供了青少年和成人常模,可用于13岁以上青少年和成人。既可个别施测,也可团体测查。测验形式有纸笔测验及计算机化测验两种,包含550个题目,临床中常用其中的399个题目。测验分14个分量表,其中4个是效度量表(包括疑问、掩饰、诈病、校正)、10个临床量表(包括疑病、抑郁、癔症、病态性偏离、性向、偏执、精神衰弱、精神分裂、轻躁狂、社会内向)。各个量表简要介绍如下:

1) 效度量表

A. 未答项目数(Q):可用"?"表示被试者不能回答的题目数。反映被试者对心理测验的合作态度。如分数大于或等于30,表示测验结果无效。

B. 掩饰量表(L):测量被试者是否愿意合作、是否愿意坦诚承认自己存在的缺点和不足。

C. 伪装量表(F):测量任意回答倾向。

D. 校正量表(K):测量过分防御或不现实倾向。

2) 临床量表

A. 疑病量表(Hs):测量被试者疑病倾向及对身体健康的不正常关心。高分表示被试者有许多身体上的不适、不愉快、自我中心、敌意、寻求注意等。

B. 抑郁量表(D):测量情绪低落、焦虑问题。高分表示情绪低落,缺乏自信,有自杀观念,有轻度焦虑和激动。

C. 癔症量表(Hy):测量被试者对心身症状的关注和敏感、自我中心等特点。高分反映被试者自我中心,自大、自私,期待别人给予更多的注意和爱抚,与他人的关系肤浅、幼稚。

D. 精神病态性偏倚量表(Pd):测量被试者的社会行为偏离特点。高分反映被试者脱离一般社会道德规范、无视社会习俗,社会适应差,冲动敌意,具有攻击性倾向。

E. 男性化或女性化量表(Mf):测量男子女性化、女子男性化倾向。男性高分反映敏感、爱美、被动等女性倾向;女性高分反映粗鲁、好攻击、自信、缺乏情感、不敏感等男性化倾向。

F. 偏执性人格量表(Pa):测量被试者是否具有病理性思维。高分提示被试者常表现多疑、过分敏感,甚至有妄想存在。平时的思维方式是容易指责别人而很少内疚,有时可表现强词夺理、敌意、愤怒、甚至侵犯他人。

G. 精神衰弱量表(Pt):测量精神衰弱、强迫、恐怖或焦虑等神经症特点。高分提示有强迫观念、严重焦虑、高度紧张、恐怖等反应。

H. 精神分裂性人格量表(Sc):测量思维异常和古怪行为等精神分裂症的一些临床特点。高分提示被试者行为退缩,思维古怪,可能存在幻觉、妄想,情感不稳。

I. 躁狂症量表(Ma):测量情绪紧张、过度兴奋、夸大、易激惹等轻躁狂症的特点。高分反映被试者联想过多过快,夸大而情绪高昂、易激惹,活动过多,精力过分充沛、乐观、无拘束等特点。

J. 社会内向量表(Si):测量社会化倾向。高分提示被试者性格内向,胆小退缩,不善于社交活动,过分自我控制等;低分反映被试者性格外向。

通过单个或组合效度量表的分析,能够初步判断测验结果是否有效。如果判断测验结果有效,下一步即评定及分析被试者在 10 个临床量表上获得的分数。MMPI-2 临床量表均采用 T 分形式,每个量表 T 分数分布的平均数为 50 分,标准差为 10 分。常模的区分点为 60 分,凡高于或等于 60 分的量表 T 分便具有了临床意义。

测验题目列举:

1. 喜欢看机械方面的杂志。

2. 我的胃口很好。

3. 我早上起来的时候,多半睡得很充足,头脑清醒。

……

98. 我相信善有善报,恶有恶报。

99. 我喜欢参加热闹的聚会。

100. 我碰到一些千头万绪的事情,使我感到犹豫不决。

(2) 卡特尔 16 种人格因素问卷(sixteen personality factor questionnaire,16PF):是由美国伊利诺州大学人格及能力测验研究所卡特尔教授于 1949 年编制。卡特尔通过因素分析法得出 16 项人格因素,他认为这 16 项人格因素是构成人格的内在基础因素,只要测出 16 项人格因素在个体身上的表现程度,即可知道他的人格特征。16PF 由 187 个关于兴趣和态度等问题的题目(表 7-2)。16PF 的主要目的是确定和测量正常人的基本人格特征,并进一步评估某些次级人格因素。16PF 对心身疾病的诊断、心理咨询、职业咨询、人才的选拔和培养都具有一定参考价值。适用于具有相当初中以上文化程度的青壮年和老年人。

表7-2 16种人格因素及高低分意义

因素	名称	低分特征	高分特征
A	乐群性	缄默、孤独、冷漠	外向、乐群、热情
B	聪慧性	思维迟钝、学识渊博、抽象思维能力弱	聪明、博学、勤于思考
C	稳定性	情绪激动、易烦恼	情绪稳定而成熟、面对现实
E	持强性	谦逊、顺从、融通、恭顺	好强、固执、独立性强
F	兴奋性	严肃、审慎、冷静、寡言	轻松兴奋、随遇而安
G	有恒性	苟且敷衍、缺乏尽职尽责的精神	有恒负责、做事尽职
H	敢为性	畏怯退缩、缺乏信心	冒险敢为、少有顾虑
I	敏感性	理智的、着重现实,自恃其力	敏感、感情用事
L	怀疑性	依赖随和、易与人相处	怀疑,刚愎、固执己见
M	幻想性	现实、合乎成规、力求妥善合理	幻想的、狂放任性
N	世故性	坦白、直率、天真	精明强干、世故
O	忧虑性	安详、沉着、通常有信心	忧虑抑郁、烦恼自扰
Q1	实验性	保守的、尊重传统观念和行为标准	自由的、批评激进、不拘泥
Q2	独立性	依赖、随群附和	自立自强、当机立断
Q3	自律性	矛盾冲突、不顾大体	知己知彼、自律严谨
Q4	紧张性	心平气和、闲散宁静	紧张困扰、激动挣扎

测验题目列举:

1. 我喜欢看球赛

    A. 是的   B. 偶尔   C. 不是的

2. 金钱不能使人快乐

    A. 是的   B. 介于 A 与 C 之间   C. 不是的

3. "妇女"与"儿童"就是"大猫"与

    A. 小猫   B. 狗   C. 男孩

（3）艾森克人格问卷（Eysenck personality questionnaire,EPQ）:是英国伦敦大学和精神病学研究所艾森克教授根据人格三个维度的理论于 1975 年编制而成。包括适用于 7~15 岁的儿童本和适用于 16 岁以上的成人本。艾森克人格问卷共包含 4 个分量表,由 3 个人格维度和 1 个效度量表组成。

E 量表(内向—外向维度):用于测量内向、外向人格特征。高分表示外向,好交际,喜冒险,易冲动,具有积极进取性,甚者攻击性。低分表示内向,安静、离群、内省、不愿与人接触,不喜欢刺激,喜欢有秩序的生活方式,情绪较稳定。

N 量表(神经质或情绪稳定性维度)：用于测量情绪的稳定性。高分表示情绪不稳定，表现为焦虑、高度紧张，遇到刺激有强烈的情绪反应，情绪体验深刻。低分者情绪稳定，性情温柔，善于自我控制，即使情绪激动时反应也缓慢而微弱，很快恢复平静。

P 量表(精神质维度)：用于测量与精神病理有关的人格特质，并非指精神病。但如果明显偏离常态，个体易发展成行为异常。分数高提示精神质，表现为孤独、不关心人、敌意、缺乏同情心、攻击行为、行为异常、捉弄人等。

L 量表(掩饰)：表示说谎，这是一个效度量表。高分掩饰自我或说谎，效度差，有较高的幼稚化倾向，低分者回答问题诚实可信。

测验题目列举：

1. 你是否有广泛的爱好？

2. 在做任何事之前，你是否都要考虑一番？

3. 你的情绪经常波动吗？

……

83. 你是否有过随口骂人的时候？

84. 若你乘车或坐飞机外出时，你是否担心碰撞或出意外？

85. 你是一个爱交往的人吗？

2. 投射性人格测试

(1) 罗夏墨迹测验(Rorschach inkblots test, RIT)：是瑞士精神科医生罗夏于 1921 年创立的。多数学者认为罗夏墨迹测验是适用于成人和儿童的良好人格投射测验，主要用作异常人格的诊断。测验材料为 10 张对称的墨迹图片，其中 5 张为黑白墨迹图，5 张为彩色墨迹图。测验时，主试将 10 张图片按规定的顺序逐一呈现给被试(图 7-3)，要求被试看着图片说出在图片上看到的事物，被试尽可能地说出一种或几种事物，主试根据他所说的东西进行记录，然后根据其反应，做出结果分析和评估。

(2) 主题统觉测验(thematic apperception test, TAT)：1935 年编制，由 30 张黑白图片组成(图 7-4)。根据被试的年龄、性别采用其中 20 张进行测试。要求被试根据图片讲故

图 7-3　罗夏墨迹测验图

图 7-4　主题统觉测验图

事。测验时让被试根据自己的理解对每一张图片讲一个故事。每个故事约 15min。记分时要考虑到故事的内容(情节、心理背景)和形式(故事长度、种类)。

(三)临床常用心理自评量表

1. 症状自评量表(symptom check-list90,SCL-90)是迪洛格底斯于 1975 年编制。该量表共有 90 个项目,包括如思维、情感、行为、人际关系、生活习惯等精神症状学内容,主要用于反映有无各种心理症状及其严重程度。常用于精神科和心理咨询门诊对来访者心理健康问题的评估,也可调查不同职业群体的心理健康状况。

(1)适用对象及评定注意事项:该量表适用于精神科和非精神科的成年患者,也适用于神经症及综合医院中躯体疾病患者的心理健康调查,是目前心理咨询和心理治疗中应用最多的一种自评量表。评定时,由主试宣读指导语,被试进行独立的自我评定。对于文化程度不高的人,可由主试逐项解读,被试作答。评定时间约 20min。

(2)项目说明:本量表由 90 个反映常见精神症状的题目组成。分布于 10 个症状因子中。10 个症状因子有:

1)躯体化:包括 1、4、12、27、40、42、48、49、52、53、56、58,共 12 项。该因子主要反映主观的身体不适感。包括心血管、胃肠道、呼吸等系统的主诉不适,以及头疼、背痛、肌肉酸痛和焦虑的其他躯体症状表现。

2)强迫症状:包括 3、9、10、28、38、45、46、51、55、65,共 10 项。反映临床上的强迫症状群。指那种明知没有必要,但又无法摆脱的无意义的思想、冲动和行为,还有一些比较一般的认知障碍的行为象征。

3)人际关系敏感:包括 6、21、34、36、37、41、61、69、73,共 9 项。主要指个人不自在和自卑感,尤其是在与他人相比较时更突出。在人际交往中的自卑感、心神不宁、明显不自在,以及人际交流中的自我意识,消极的期待亦是这方面症状的典型原因。

4)抑郁:包括 5、14、15、20、22、26、29、30、31、32、54、71、79,共 13 项。苦闷的情感与心境为代表性症状,还以生活兴趣的减退,动力缺乏,活力丧失等为特征。以反映失望、悲观以及与抑郁相联系的认知和躯体方面的感受。另外,还包括有关死亡的想法和自杀观念。

5)焦虑:包括 2、17、23、33、39、57、72、78、80、86,共 10 项。一般指那些烦躁、坐立不安、神经过敏、紧张以及由此产生的躯体征象,如震颤。测定游离不定的焦虑及惊恐发作是本因子的主要内容,还包括一项解体感受的项目。

6)敌对:包括 11、24、63、67、74、81,共 6 项。主要从思维、情感及行为三个方面来反映患者的敌对表现。其项目包括厌烦的感觉、摔物、争论直到不可控制的脾气暴发等各方面。

7)恐怖:包括 13、25、47、50、70、75、82,共 7 项。恐惧的对象是出门旅行,空旷场地、人群、或公共场所和交通工具。此外,还有反映社交恐惧的一些项目。

8)偏执:包括 8、18、43、68、76、83,共 6 项。本因子是围绕偏执性思维的基本特征而制定：主要指投射性思维、敌对、猜疑、关系观念、妄想、被动体验和夸大等。

9）精神病性：包括 7、16、35、62、77、84、85、87、88、90，共 10 项。反映精神病性行为的继发征兆和分裂性生活方式的指征。其中有幻听、思维播散、被洞悉感、思维插入等反映精神分裂症状项目。

10）其他"包括 19、44、59、60、64、66、89，共 7 项。主要反映睡眠及饮食情况。

（3）评分方法每个项目后按"没有、轻度、中度、偏重、严重"五个等级以 1~5（或 0~4）级选择评分，由被试根据自己最近一周以来的情况和体会对各项选择恰当评分。对各等级程度的解释："没有"指自觉无该项症状（问题）；"轻度"指自觉有该项症状，但发生的不频繁、不严重；"中度"指自觉有该症状，对被试有一定影响；"偏重"指自觉有该症状，对被试有相当程度的影响；"严重"指自觉该项症状的出现频度和强度大，对被试的影响极为严重。

（4）统计指标 SCL-90 的统计指标主要是总分和因子分。

1）总分

总分：90 个单项相加之和。

总均分：总分/90。表示从总体情况看被试的自我感觉介于 1~5 级的哪一个范围内。

阳性项目数：单项分 ≥2 的项目数。表示患者在多少项目中呈现"有症状"。

阴性项目数：单项分为 1 的项目数。表示患者"无症状"的项目有多少。

阳性项目均分：(总分-阴性项目总分)/阳性项目数。表示每个"有症状"项目的平均得分。反映该患者自我感觉不佳的项目，其严重程度究竟介于哪个范围。

2）因子分：SCL-90 共包括 10 个因子，每一个因子反映出患者某一方面的情况，通过该分了解患者症状分布特点及问题的具体演变过程。计算公式如下：组成某一因子的各项目数总分/组成某一因子的项目数。通过该因子分可以了解被试症状分布特点。

2. 抑郁自评量表（self-rating depression scale，SDS） 是由威廉于 1965 年编制的。该量表包含 20 个反映抑郁主观感受的项目，每个项目按症状出现的频度分为四级评分，其中 10 个为正向评分，10 个为反向评分。量表用来评定抑郁症状的轻重程度及其在治疗中的变化，特别适用于发现抑郁症患者。

（1）使用要求：评定时，由主试宣读指导语，被试进行独立的自我评定。一般在 10 分钟内完成。

（2）评分方法：量表中的每一项目相当于有关的症状。每个项目评定的等级标准是采用 1~4 级计分，"1"表示没有或很少有；"2"表示小部分时间有；"3"表示相当多时间有；"4"表示绝大部分或全部时间有。由被试根据自己"现在"或"最近一周"以来的情况和体会对各项选择恰当评分。

（3）统计指标：SDS 的主要统计指标主要是总分，但要经过一次转换。自评结束后把正向评分题，依次评分为 1、2、3、4 分；反向评分题（带"★"号的题目）评为 4、3、2、1 分。各项分数加得总分为粗总分（X），然后将粗总分乘以 1.25 以后，取整数部分，就得到标准分(Y)。按照中国常模结果,SDS标准分的分界值为53分,其中53~62分为轻度抑郁,62~72分为中度抑郁,72分以上为重度抑郁。

3. 焦虑自评量表(self-rating anxiety scale,SAS)是由威廉于1971年编制的。该量表包含20个反映焦虑主观感受的项目,每个项目按症状出现的频度分为四级评分,其中15个为正向评分,5个为反向评分。该量表用来评定焦虑症状轻重程度及其在治疗中的变化。适用于焦虑症状的成年人,主要用于疗效评估,不能用于诊断。

(1) 使用要求:见抑郁自评量表的使用要求。

(2) 评分方法:量表中的每一项目相当于有关的症状。每个项目评定的等级标准是采用1~4级计分。由被试根据自己"现在"或"最近一周"以来的情况和体会对各项选择恰当评分。

(3) 统计指标:SAS的主要统计指标主要是总分,但要经过一次转换。转换过程与抑郁自评量表转换过程相同。按照中国常模结果,SAS标准分的分界值为50分,其中50~59分为轻度焦虑,59~69分为中度焦虑,69分以上为重度焦虑。

本章小结

　　本章介绍了心理评估的概念,心理评估的常用方法和心理测验的概念、分类、条件及常用的心理测验。重难点是常用的心理测验。

　　心理评估是应用心理学的理论和方法对评估对象的心理品质及其水平作出全面、系统和深入的客观描述,并进行分类、鉴别与诊断的过程。心理评估常用的方法有:观察法、访谈法、心理测验法。

　　心理测验是对人的心理特征进行数量化的分析。心理测验必须具备标准化、信度、效度、常模四个基本条件。心理测验种类非常多,有智力测验、人格测验、临床常用心理自评量表。常用的智力测验包括比奈量表、韦氏量表、联合瑞文测验。人格测验包括明尼苏达多项人格测验(MMPI)、卡特尔16种人格因素问卷(16PF)、艾森克人格问卷(EPQ)及罗夏墨迹测验和主题统觉测验。临床常见自评量表,包括症状自评量表(SCL-90)、抑郁自评量表(SDS)、焦虑自评量表(SAS)。较详细介绍了这些测验的适用对象、评定注意事项、项目说明和评分方法。学习心理评估一章,有助于掌握基本的心理测量技术,具备一定的心理评估水平。

(罗新红)

目标测试

一、名词解释

心理测验

二、选择题

1. 下列不属于心理测验实施要求的是
   A. 对主试的要求　　　　　　B. 对被试的要求　　　　C. 施测环境
   D. 随意选择测验　　　　　　E. 保密原则

2. 按韦氏智力量表智商等级标准,正常中等智力分数为
   A. 70~79　　　　　　　　　B. 80~89　　　　　　　C. 90~109
   D. 110~119　　　　　　　　E. 120~129

3. 韦氏智力量表的分量表包括
   A. 城市量表和农村量表　　　　　B. 言语量表和操作量表
   C. 成人量表和儿童量表　　　　　D. 个体量表和团体量表
   E. 学龄前儿童量表和儿童量表

4. 下列属于投射性人格测验的是
   A. MMPI　　　　　　　　　B. 16PF　　　　　　　　C. TAT
   D. EPQ　　　　　　　　　　E. SCL-90

5. 艾森克人格问卷中属于效度量表的是
   A. E 量表　　　　　　　　　B. P 量表　　　　　　　C. N 量表
   D. L 量表　　　　　　　　　E. 以上都不对

6. SCL-90 的统计指标主要有两项,即总分和
   A. 因子分　　　　　　　　　B. 总均分　　　　　　　C. 阳性项目数
   D. 阴性项目数　　　　　　　E. 阳性项目均分

7. 按照中国常模结果,中度抑郁 SDS 标准分是
   A. 53~62 分　　　　　　　　B. 62~72 分　　　　　　C. 72~82 分
   D. 82 分以上　　　　　　　　E. 以上都不对

8. 自评量表的英文缩写 SAS 是
   A. 抑郁　　　　　　　　　　B. 敌对　　　　　　　　C. 强迫
   D. 恐怖　　　　　　　　　　E. 焦虑

第八章 ｜ 心理咨询与心理治疗

08章 数字资源

学习目标

1. 掌握：心理咨询和心理治疗的概念。
2. 熟悉：心理咨询的形式和程序；心理治疗的原则和程序。
3. 了解：心理咨询技术；心理治疗的分类和常用方法。

第一节　心　理　咨　询

案例

来访者：今天我真倒霉透了！

咨询师：你能告诉我发生了什么事吗？

来访者：多着呢，尽是不如意的事。

咨询师：能具体说说吗？

来访者：早晨上班，骑车太快与别人车相撞，幸好没什么事。到了厂里，主任说我这个月因为迟到扣罚奖金 50 元，虽说钱不多，可毕竟不舒服。中午排队买大排，快轮到我时，居然卖完了……我总觉着，好事没我的份，倒霉事尽让我碰上，别人怎么都没这些事。

请问：在这段话中，咨询师都运用了哪些咨询技术？

一、心理咨询的概念

"咨询"一词来源于拉丁语，有商量、讨论、征求意见等意义。心理咨询是心理咨询师运用心理学的理论和技术,协助来访者解决心理问题的过程。心理咨询的根本目的是帮助来访者解决心理问题,期间,咨询师不参与决策和解决具体问题,而是充分发挥来访者自身的潜能,在咨询师的帮助和支持下自己解决自己的问题,即"助人自助"。心理咨询的服务对象为健康人群或存在心理问题的人。心理咨询的对象不包括精神病患者。但精神病患者经过临床治愈后,心理活动基本恢复正常时,心理咨询的介入才具有真实价值。

心理咨询不仅应用于临床医学,更多地应用于日常生活。随着社会的进步和生活质量的提高,人们对心理健康更加重视。与此同时,社会化程度的提高和生活节奏的加快也使人的心理冲突和矛盾越趋复杂。因此,心理咨询不但可以作为解除紧张和缓解压力的一种手段,而且也可作为防治心身疾病、促进身心健康的有效方法,更可以通过这一途径对国民进行精神卫生知识的宣传教育,以提高国民的整体素质。

二、心理咨询的形式

(一) 门诊咨询

门诊咨询是心理咨询中最常见、最主要也是最有效的形式。在综合医院、精神卫生中心和卫生保健单位均可开设心理咨询门诊。门诊咨询的特点在于针对性强,咨询师能对来访者的具体问题提供有针对性的服务;了解信息全面,咨询师不仅可以听到来访者叙述的内容,还可以观察其表情动作、情绪反应等,从而做出准确地判断;亲切自如、保密性好。

(二) 电话咨询

电话咨询是咨询师通过电话给求助者提供劝慰、帮助的一种较方便、迅速的咨询形式。尤其是对于处在危急状态或不愿暴露自己的求助者,电话咨询是一种较好的形式。在 20 世纪 60 年代,一些发达国家开始开展电话咨询,它在防止由于心理危机而酝酿的自杀与犯罪方面起到了良好的作用。现在,我国许多城市也开设了电话心理咨询,服务范围不仅涉及心理危机干预,更扩展到为有心理困扰者排忧解难。

(三) 互联网咨询

互联网咨询是随着网络技术的发展而逐渐开展起来的网络化心理咨询。通过互联网咨询,实现"与心理咨询者的第一次接触",实现"安坐家中,看心理咨询师"的方便条件。此外,互联网心理咨询可以凭借行之有效的软件程序,进行心理问题的评估与测量;还可以全程记录咨询过程,便于反复思考和温习,以及进行案例的讨论。

(四) 信函咨询

信函咨询多用于路途较远或不愿暴露身份的求助者。心理咨询师根据求助者来信中所描述的情况和提出的问题,进行疑难解答和心理指导。这种形式不能全面地了解情况,只能根据一般性原则提出指导性的意见。对于求助者来说,要解决根本问题最终还需进行门诊咨询。

（五）现场咨询

现场心理咨询是指心理咨询工作者深入到学校、家庭、社区等地方，现场接待来访者，这种形式对于一些有共同背景或特点的心理问题有较好的效果。现场心理咨询发展最深入的是家庭心理治疗，已经逐渐发展为一种独立的咨询及治疗形式。现场咨询的另一种情况是针对突发事件对当事者进行心理干预，常可收到较好的效果。

（六）专题心理咨询

专题心理咨询是针对公众所关心的心理问题通过报纸、杂志、电台、电视、互联网等传播媒体，进行专题咨询和答疑，同时普及精神卫生方面的知识，具有量大面广的特点。这种形式具有精神卫生宣教的性质。

三、心理咨询的程序

心理咨询是一个过程，需要运用心理学的原理、方法和技术，遵循一定程序进行。在个体心理咨询过程中，包括以下几个阶段：

（一）资料的搜集

临床资料是我们进行心理咨询工作的基本依据。不管进行哪种咨询或治疗，第一步必须先搜集资料。通过摄入性会谈了解来访者的病史、健康史、工作状况和家庭状况等等；通过观察了解来访者的人格和情绪特征；通过心理测验初步分析发现的问题。在搜集资料的过程中用心倾听尤其重要。在听的过程中，心理咨询师要善于通过具体事件、情节来把握关键信息。

（二）初步诊断

心理咨询师对搜集来的资料进行整理和分析后，针对来访者的心理问题和行为问题的严重程度进行大致的判断，基本确定来访者心理活动的薄弱环节。对来访者心理问题的严重程度及当前的心理健康水平予以评估，对某些含混的临床表现进行鉴别诊断。

（三）心理咨询方案的制订

咨询方案是心理咨询实施的完整计划。方案的制订必须按照心理问题的性质、采用的方法、咨询的期限、步骤和计划中要达到的目标等具体情况来制订。所以，每一次的方案都会有一定的区别。但是，不管具体方案有怎样的区别，其一般原则和基本程序是一致的。

（四）咨询方案的实施

这是心理咨询最核心、最重要的阶段，心理咨询师的主要任务是帮助来访者分析和解决问题，改变其不适当的认知、情绪或行为。心理咨询师根据自己的理论倾向，针对来访者的问题选择适当的咨询技术探寻潜意识，或矫正行为，或改变认知。

（五）咨询效果的评估、结束咨询阶段

心理咨询效果评估并不是一定到结束才做，在咨询的过程中应该不断地总结效果，及

时进行调整。但结束前的评估是对整个咨询过程效果更全面更重要的评价。一个比较理想的咨询过程，其初期效果表现为自觉状态的改善，中期效果表现为行为表现的好转，后期效果表现为人格趋于成熟。咨询结束后最好对求助者进行跟踪观察以便总结经验。

四、心理咨询技术

（一）建立良好咨询关系的方式

1. 尊重　是指对来访者接纳的态度，咨询师要接受对方，容忍对方不同的观点、习惯等。尊重来访者，其意义在于可以给来访者创造一个安全、温暖的氛围，使其最大程度地表达自己。

2. 真诚　是指咨询师在心理咨询过程中对来访者真挚诚恳，不把自己藏在专业角色后面，不戴面具，不是在扮演角色或例行公事，而是表里一致、真实可信地置身于与来访者的关系中。

3. 共情　是指咨询师从来访者的角度体验他的内心世界。共情包括三方面的含义：①咨询师借助来访者的言行，深入对方内心去体验他的情感、思维。②咨询师借助于知识和经验，把握来访者的体验、经历和人格之间的联系，更好地理解问题的实质。③咨询师运用咨询技巧，把自己的共情传达给对方，以影响对方并取得反馈。

（二）参与性技术

参与性技术包括倾听、开放式询问与封闭式询问、鼓励和重复技术、具体化、内容反应、情感反应、非言语行为的理解与把握、参与性概述。下面着重介绍其中的几种。

1. 倾听　倾听是心理咨询的第一步，是建立良好咨询关系的基本要求。倾听既可以表达对来访者的尊重，同时也能使对方在比较宽松和信任的氛围下诉说自己的烦恼。倾听时心理咨询师要认真、有兴趣、设身处地的听，并适当地表示理解，不要带偏见和框框，不要做价值评判。倾听不仅用耳朵，更要用心。不但要听懂来访者通过言语、表情、动作所表达出来的东西，还要听出来访者在交谈内容中所省略的和没有表达出来的内容或隐含的意思，甚至来访者自己都没意识到的东西。

善于倾听，不仅在于听，还要有参与和适当的反应。反应可以是言语的也可以是非言语的。反应的目的是为了向来访者表达心理咨询师的倾听态度，鼓励来访者叙述，促进咨询关系，同时也可以促进心理咨询师对来访者的理解和来访者的自我了解。

2. 开放式询问与封闭式询问

（1）开放式询问：指对回答类型不作具体、明确规定的提问，通常使用"什么""如何""为什么"等词来发问，让来访者就有关问题、思想、情感给予详细的说明。使用开放式询问时，应重视把它建立在良好的咨询关系基础上，离开了这一点，就可能使来访者产生一种被审问、被窥探和被剖析的感觉，从而产生阻抗。

（2）封闭式询问：封闭式询问通常使用"是不是""对不对""要不要"等词，而回答也是"是""否"式的简单答案。这种询问常用来收集资料并加以条理化,澄清事实,获得重点,缩小讨论范围。但过多使用封闭式询问会剥夺来访者充分表达自己的机会,使来访者的愿望和积极性受到压抑。因此,咨询中通常把封闭式询问和开放式询问结合起来,效果更好。

3. 鼓励和重复 是指咨询师借助语气词或表情、动作来表达对来访者叙述的兴趣、重视或接受,给来访者以心理支持,使会谈顺利进行。咨询师在倾听时要让对方知道你在听他讲话,不时用点头、微笑或简短的词语如"嗯""后来呢""还有吗"或直接地重复来访者的话,鼓励对方继续讲下去。引导会谈朝着某一方向进一步深入。

4. 具体化 是指咨询师协助来访者清楚、准确地表述他们的观点、所用的概念、所体验的情感以及所经历的事件。不少来访者所叙述的思想、情感、事件常常是模糊、混乱、矛盾、不合理的。咨询师借助于具体化这一咨询特质,澄清来访者所表达的模糊不清的观念及问题,把握真实情况,同时亦使来访者弄清自己的所思所感。

5. 内容反应 也称释义,是指咨询师把来访者的主要言谈、思想加以综合整理,再反馈给来访者。在释义时,要简明扼要、客观准确。释义使得来访者有机会再次剖析自己的困扰,重新组合那些零散的事件和关系,深化会谈的内容。

6. 情感反应 情感反应与上述的内容反应很接近,但有所区别。内容反应着重于来访者言谈内容的反馈,而情感反应则着重于求助者的情感反应。情绪往往是思想的外露,经过对来访者情绪的了解可进而推测出来访者的思想、态度等。

(三) 影响性技术

影响性技术包括解释、面质、指导、情感表达、内容表达、自我开放、非言语行为的运用、影响性概述。下面着重介绍其中的几种。

1. 解释 就是咨询师依据心理学理论或个人经验针对来访者的问题、困扰,给来访者提供一种新的认识他们的问题和认识自身的方法。解释是最重要的影响性技术。解释不要过多,一次会谈最多运用 2~3 个恰当的解释即可。在解释时要注意:①解释必须是在充分了解来访者问题基础上进行。②解释要通俗易懂,简明扼要。③解释要有真实性和合理性,不要偏激。④解释时尽量采取试探性态度。

2. 面质 面质又称质疑、对质、对抗、正视现实等,是指心理咨询师指出来访者身上存在的矛盾。咨询中常见的矛盾有以下几种:言行不一致、理想与现实不一致、前后言语不一致、咨访意见不一致。咨询中使用面质的目的在于协助来访者对自己的感受、信念、行为及所处境况进行深入了解;在于激励来访者放下防卫和掩饰心理来面对自己;在于促进来访者实现言语与行动的统一、理想自我和现实自我的一致。

3. 情感表达 是指咨询师告知求助者咨询师自己的情绪、情感活动状况。情感表达与情感反应不同。前者是咨询师表达自己的喜怒哀乐,而后者是咨询师反映来访者叙述中的情绪内容。咨询师的情感表达既可以针对求助者,如"我觉得你很坦诚",也可以是针对自己的,如"我很抱歉没有听清你刚才说的话",或针对其他的事物,如"我喜欢与人交朋友"等。

4. 内容表达　是指咨询师传达信息,提出建议,提供忠告,给予保证,进行褒贬和反馈等。其实咨询过程中各项影响技巧都离不开内容表达,都是通过内容表达起作用的。广而言之,指导、解释、影响性概括、自我开放都是一种内容表达。

5. 自我开放　自我开放也称自我暴露、自我表露,指心理咨询师提出自己的情感、思想、经验与来访者共同分享。自我开放可以建立并且促进咨询关系,使来访者感到有人理解他的困扰和烦恼,感受到心理咨询师也是普通人,借助心理咨询师的自我开放来实现来访者的更多开放。

自我开放一般有两种形式,一种是心理咨询师把自己对来访者的体验感受告诉来访者。另一种是心理咨询师暴露与来访者所谈内容有关的个人经验。一般说来,自我开放不是目的而是手段,应始终把重点放在来访者身上。

6. 非言语行为的运用　言语表达是咨询双方交流信息、沟通感情、建立关系的基本条件之一,也是帮助来访者的主要工具之一,因此言语行为在咨询过程中占有主要地位。但是在咨询过程中也会有很多非言语行为出现,对言语内容进行补充和修正,在咨询过程中起着非常重要的作用。非言语行为有目光注视、面部表情、身体语言、声音特质、距离空间、衣着及步态等几种。下面介绍几种非言语行为。

(1) 目光注视:在传递信息的过程中,眼睛是最重要的,它可以传递最细微的感情。眼睛应注视对方的哪些部位为好? 一般来说,目光大体在对方的嘴、头顶和脸颊两侧这个范围活动为好,给对方一种舒适的、很有礼貌的感觉。

(2) 面部表情:面部表情与人的情绪息息相关,一个人内心的喜怒哀惧都在脸上表露出来。观察一个人的非言语行为主要集中在面部表情上,目光注视也是面部表情的一部分。

(3) 身体语言:咨询师和来访者的身体、手势的运动和位置在相互沟通中起着重要作用。他们的变化往往能反映咨询状况的某种变化。如在咨询过程中,医生会发现来访者移动身体,把脚及整个身体对着门口,这个姿态很可能是来访者想结束交谈,他的体态正是想表达:我想离开。

第二节　心理治疗

一、心理治疗概述

(一) 心理治疗的概念

心理治疗,是指以彼此良好的关系为前提,由经过专业训练的治疗师运用心理学的理论和技术,对来访者(患者或正常人)的心理或行为问题进行矫治,以达到改善心理状态和行为方式的过程。

从广义上讲,凡是能够解决人们的各种心理问题和改善心理状态进而增进健康,减轻乃至消除疾病的一切方法和措施,均称为心理治疗,其中包括改善生活条件和环境,调整人际关系等。从狭义上讲,心理治疗则专指心理治疗师所实施的心理治疗方法和技术,如精神分析法、行为矫正疗法。

(二)心理治疗的适用范围

在不同学派理论的影响下,心理治疗方法各异,适应对象也有所不同。治疗师必须根据不同心理障碍和治疗对象的条件,选择最佳心理治疗方法。一般认为,常用心理治疗的适应范围如下:

1. 精神疾病　神经衰弱、癔症、强迫症和恐怖症、焦虑症、抑郁性神经症和疑病症等。精神分裂症的恢复期。

2. 综合医院临床各科的心理问题　慢性疾病患者患有躯体疾病而无求治欲望或治愈信心,甚至将自己疾病看的过分严重,或者躯体疾病患者的心理反应等,都需要个别心理治疗,可以通过安慰、支持、劝慰、保证、疏导等方法来帮助患者认识疾病的性质、治愈的效果等有关因素,调动患者的主动性来战胜疾病。

3. 心身疾病　常见的心身疾病,如冠心病、原发性高血压、心律失常、支气管哮喘、消化性溃疡、溃疡性结肠炎、心因性肥胖症和偏头痛、雷诺氏病以及类风湿关节炎等,均可使用松弛疗法、默想训练和生物反馈治疗等方法。

4. 社会心理应激引起的各种适应性心理障碍　如一个人因不能处理好人际关系等原因,而表现为心境不悦、自责自卑、悲观失望等,常需要进行心理治疗;遭受突然的生活事件刺激表现急性心理障碍时也可进行心理治疗。

5. 各类行为问题　性行为障碍、人格障碍、酒精依赖、口吃、遗尿等都可以通过心理治疗来进行矫正。

二、心理治疗的原则

心理治疗是通过密切的医患关系来进行的,所以必须始终保持医患关系处于良好的状态中。为此不论进行何种心理治疗,治疗师均应遵守以下原则:

1. 信任性原则　治疗师与来访者能否建立和谐的治疗关系,是心理治疗能否成功的关键。因为良好和谐的医患关系是心理治疗的一个重要前提条件。在心理治疗过程中,治疗师对来访者保持尊重、同情、关心、支持的态度,才能使来访者对治疗师建立起信任感,逐步建立并增强治疗动机,毫无保留地吐露个人心理问题的细节,接受治疗师提供的各种信息及行动指导,为正确的诊断和治疗的顺利进行提供保障。

心理治疗中的人际关系不同于生活中的人际关系,其主要特点表现在:①单向性:心理治疗关注的是来访者的问题,一切工作都是围绕来访者的利益进行的,因此,它不同于双向互利的一般人际关系。②局限性：治疗师的责任就是为来访者提供心理的帮助，不能超出这个范围。③时限性：心理治疗的目的达到后，这种关系便告结束。如果以后出现新的问题，则重新开始新的治疗关系。

2. 保密性原则 心理治疗往往涉及来访者的隐私，为保证材料的真实，保证来访者得到正确及时的指导，同时也为了维护心理治疗本身的声誉和权威性，必须在心理治疗工作中坚持保密的原则。包括治疗者不得以任何形式将来访者的具体材料公布于众，不得在公共场合公开谈话的内容。在学术活动或教学等工作中需要引用时，也应隐去来访者真实的姓名。

3. 计划性原则 无论实施何种心理治疗，都应根据事先搜集到的来访者的具体资料，设计治疗的程序，包括采用的手段、时间、作业、疗程、目标等，并预测治疗过程中可能出现的各种变化和准备采取的对策。在治疗过程中，应详细记录各种变化，形成完整的病案资料。

4. 针对性原则 每种心理治疗的技术都有一定的适应证，治疗者应根据来访者存在的具体问题（如心理问题、心身问题、行为问题或社会适应问题）的性质、程度，以及治疗师本人心理治疗技术的熟练程度、设备条件等情况，有针对性地选择治疗技术。此外，还应考虑到来访者的年龄、文化水平、职业、民族、性格以及与社会环境的关系等因素。针对性是取得治疗效果的保证，它来源于正确的分析和诊断。

5. 灵活性原则 在心理治疗过程中，治疗师应密切观察来访者的心身变化，随时准备根据新的情况灵活地变更治疗程序。

6. 中立性原则 心理治疗的最终目标是帮助来访者自我完善与成长。因此，在心理治疗的过程中，治疗师要始终保持中立的态度，帮助来访者解决自己的问题，实现助人自助的目的，而不是代替来访者作出选择或决定。

7. 综合性原则 人类疾病是各种生物、心理、社会因素相互作用的结果。因此在对某一疾病实施治疗时，应综合考虑运用多种方法相结合的形式进行治疗。如焦虑程度比较严重的来访者，在进行心理治疗的同时，可考虑使用一定的抗焦虑的药物。

8. 回避性原则 心理治疗中往往涉及个人隐私，来访者在熟人面前很难完全自我暴露，这给治疗者的诊断和治疗方案的制订设置了障碍，难以保证治疗效果。同时，治疗师也会遭遇角色冲突的尴尬，在治疗过程中难以保持中立的态度。因此，一般情况下应回避亲友和熟人，进行心理治疗。

此外，心理治疗的实施，需要一个安静、适宜、不受外界干扰的环境条件，才能保证治疗工作的顺利进行。

三、心理治疗的分类

心理治疗法种类繁多，单从某一角度来分类，很难概括全面。根据国内、外相关资料，可以从以下方面进行分类：

（一）根据学派的理论进行分类

1. 建立在精神分析理论基础上,最早是由弗洛伊德创立,称为精神分析疗法。
2. 建立在行为学习理论基础上的行为疗法或行为矫正。
3. 建立在人本主义理论基础上的人本主义疗法。
4. 建立在认知理论基础上的认知疗法。

（二）根据心理现象的实质进行分类

1. 言语治疗或言语心理治疗。
2. 非言语心理治疗。
3. 行为疗法或行为矫正。

（三）根据治疗师与来访者的沟通方式进行分类

1. 个别(个体)心理治疗。
2. 团体心理治疗。

（四）根据来访者意识范围的大小进行分类

1. 觉醒状态下的心理治疗。
2. 半觉醒状态下的心理治疗。
3. 催眠。

四、常用的心理治疗方法

（一）精神支持疗法

精神支持疗法又称支持性心理疗法或一般性心理疗法。该疗法不用分析来访者的潜意识,而主要是支持、帮助来访者适应目前所面临的现实,故又称为非分析性治疗。也就是说,当来访者面对严重的心理挫折或心理创伤,如发现自己患了癌症而无法医治,或面临亲人受伤或死亡等意外事件时内心难于承受,难于控制自己的感情,精神几乎崩溃,感到手足无措,需依靠别人的"支持"来应付心理上的难关时,由治疗师提供支持,帮助其应对危机。通常治疗师合理地采用劝导、启发、鼓励、同情、支持、说服、消除疑虑和保证等方式,帮助和指导来访者分析认识当前所面临的问题,使其发挥自己最大的潜在能力和自身优势,正确面对各种困难和心理压力以度过心理危机,从而达到治疗目的的一种心理治疗方法。

实施支持疗法时,治疗师必须热情对待来访者,对他们的痛苦给予同情,即使他们的行为幼稚、冲动或不合情理,也要尊重他们。具体操作方法有以下几种:

1. 倾听　治疗师在任何情况下都要善于倾听来访者的诉说。这不仅是了解来访者情况的需要,也是建立良好医患关系的需要。
2. 解释　在医患之间建立起信任关系,治疗师对来访者问题的实质、来访者所具备的潜能和条件有了充分了解后,可向来访者提出切合实际的真诚解释和劝告。

3. 建议　治疗师帮助来访者分析问题,让来访者了解问题的症结所在,并且提出意见和劝告,让来访者自己找出解决问题的办法,并鼓励来访者实施。治疗师提出的建议要谨慎、有限度、有余地,否则,如果来访者按建议尝试失败了,不仅对自己失去信心,而且对治疗师也会失去信心。

4. 保证　在来访者焦虑、苦恼时,尤其是处于危机时,给予保证是很有益的。治疗师在作出保证前,一定要有足够的根据和把握,使来访者深信不疑。这种信任感是取得疗效的重要保证。

5. 调整关系　多次为来访者提供支持后,来访者容易对治疗师产生依赖,治疗师需及时调整医患之间的关系,引导来访者要信任组织、亲人,信任自己。

精神支持疗法适合下列情况:①突然遭受严重的挫折或心理创伤,面临精神崩溃,需要依靠他人的支持和帮助以度过心理难关。②在工作、生活中,由于长期紧张、压抑或心理矛盾所引起的焦虑、抑郁、苦闷等不良情绪。③患有各种心身疾病或严重的躯体疾病时,对疾病的性质、危害性认识不足,缺乏信心而产生悲观失望甚至产生自杀倾向。④各类神经症患者,如焦虑性神经症、强迫性神经症等。⑤患有各种顽症、绝症、恶性肿瘤的患者。

(二)精神分析疗法

精神分析疗法又称心理分析疗法,起源于奥地利精神科医生弗洛伊德(图8-1)的精神分析理论,其中包括"潜意识理论""人格结构理论"(图8-2)、"性本能理论"以及"自我防御机制"等。

因为精神分析理论认为心理障碍是潜意识中的矛盾冲突引起的,所以精神分析疗法致力于挖掘来访者压抑到潜意识中的幼年创伤性经验,并把其带入到意识之中,启发来访

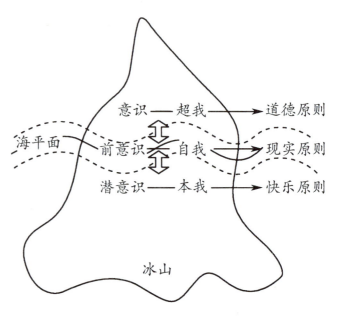

图 8-1　弗洛伊德　　　图 8-2　弗洛伊德的潜意识理论、人格结构理论

者重新认识这些经验,使潜意识的矛盾冲突获得解决,从而消除患者的症状。精神分析疗法主要采用自由联想和梦的分析等技术。

1. 自由联想　弗洛伊德认为浮现在脑海中的任何东西都不是无缘无故的,都是具有一定因果关系的,借此可挖掘出潜意识中的症结。自由联想就是让来访者自由诉说心中想到的任何东西,鼓励来访者尽量回忆童年时期所遭受的精神创伤。精神分析学说认为,通过自由联想,来访者不知不觉地打开潜意识的大门,潜意识的心理冲突可以被带入到意识领域,治疗师从中找出来访者潜意识之中的矛盾冲突,并通过分析促进来访者领悟心理障碍的"症结",从而达到治疗的目的。自由联想是精神分析的基本手段。

2. 梦的分析　弗洛伊德认为梦是有目的、有意义的,它代表了个人的愿望及所追求欲望的满足,但这种欲望在觉醒状态下受到压抑。所以发掘潜意识中的心理资料的另一技术就是要求来访者在会谈中也谈谈他做的梦,并把梦中不同内容自由地加以联想,以便治疗师能理解梦的外显内容(又称显梦,即梦的表面故事)和潜在内容(又称隐梦,即故事的象征意义)。

3. 阻抗　阻抗是自由联想过程中来访者在谈到某些关键问题时所表现出来的自由联想困难。其表现多种多样,如正在叙述过程中突然沉默,或转移话题等。阻抗的表现是有意识的,但根源却是潜意识中本能地有阻止被压抑的心理冲突重新进入意识的倾向。当自由联想接近这种潜意识的心理症结时,潜意识的阻抗就自然发生作用,阻止其被真实地表述出来。治疗师的任务就是不断辨认并帮助来访者克服各种形式的阻抗,将压抑在潜意识的情感发泄出来。克服阻抗往往需要很多时间。

4. 移情　移情是来访者在沉入对往事的回忆中,将童年期对他人的情感转移到治疗师身上。移情有正移情和负移情,正移情是来访者将积极的情感转移到治疗师身上,负移情是来访者将消极的情感转移到治疗师身上。移情的发生是治疗过程中的正常现象,有利于治疗师清楚地认识来访者的心理症结。

5. 解释　解释是精神分析疗法中最常使用的技术之一。在弗洛伊德看来,精神分析的实质就是解释,为人的行为(特别是症状)提供真实的解释。解释要揭示症状背后的潜意识动机,消除阻抗和移情带来的干扰,使来访者领悟其症状的真正含义。解释的目的是让来访者正视他回避或尚未意识到的东西,使潜意识中的内容到达意识层面。

精神分析疗法主要适用于各种神经症的治疗。在医学治疗史上,精神分析学派第一次以心理疗法治愈了一些顽固病症并提出了相应的理论,因此,被公认为心理治疗发展史上的第一座里程碑。

(三) 行为疗法

行为疗法又称行为矫正法。它是建立在行为学习理论基础上,主要通过对个体进行训练,达到矫正适应性不良行为的一种心理治疗技术。

行为疗法源于经典条件反射、操作性条件反射和社会学习理论的实验研究,20世纪50年代得到广泛应用并迅速发展来起,至70年代,在整个心理治疗领域中,行为疗法被称为"第二种势力"，是心理治疗发展史中的第二座里程碑。

知识链接

巴甫洛夫的狗实验

经典条件反射学说（图8-3）是由俄国生理学家巴甫洛夫通过动物实验提出的，即将非条件刺激与条件刺激多次结合就能在条件刺激和反应之间建立联系，形成条件反射。如狗进食会分泌唾液，这是非条件反射，而铃声则是无关刺激，现在每次进食都给以铃声，多次重复后，狗学会了对铃声产生反应，即只出现铃声不出现食物时，狗也会分泌唾液。这样铃声即作为条件刺激引起条件反射。人类的许多行为就是通过各种学习形式习得：非条件刺激多次与一定情境、事物相联系，我们就学会了对一定情境和事物作出一定的反应。

图8-3　巴甫洛夫——经典条件反射

行为疗法常用的具体方法有以下几种：

1. 系统脱敏法　系统脱敏法在行为治疗中占有重要地位。其基本原理是让一个原可引起微弱焦虑的刺激，在患者面前重复暴露，同时患者全身放松予以对抗，从而使这一刺激逐渐失去了引起焦虑的作用。系统脱敏法一般包括三个步骤。一是排列出焦虑的等级层次表，即找出使患者感到焦虑的事件，并用0~100表示出对每一事件感到焦虑的主观程度。其中，0为心情平静，25为轻度焦虑，50为中度焦虑，75为高度焦虑，100为极度焦虑。然后将标出的焦虑事件按等级程度由弱到强依次排列。二是进行放松训练，以全身肌肉能迅速进入松弛状态为合格，一般要6~10次练习，每次需30min，每天1次。三是进入系统脱敏过程，进行焦虑反应与肌肉放松技术的结合训练。系统脱敏可分为想象系统脱敏和现实系统脱敏。想象系统脱敏的过程即让来访者处于全身肌肉放松状态下，由治疗师口头描述，让来访者进行想象，从最低层开始，想象30s，停止想象时报告此时感到主观焦虑的等级分数，以不感到紧张害怕为止，再进入下一个层次，如此渐进直到通过最后一个层次。系统脱敏法适用于恐怖症、强迫症。

2. 满灌疗法　满灌疗法也叫暴露疗法、冲击疗法。其基本原理是快速、充分地向来访者呈现他害怕的刺激，实际体验后他感到并不是那么害怕，恐惧感就会慢慢消除。让来访者进入自己最恐惧或焦虑的情境之中,给他一个强烈的冲击,同时不允许其采取堵耳、闭眼、哭喊等逃避行为。刺激的出现要坚持到来访者对此刺激习以为常为止。采用满灌疗法应事先将治疗方式与来访者讲清,征得同意后方可进行。满灌疗法适合于对有焦虑和恐惧倾向的来访者使用。具体运用时,要考虑来访者的文化程度、受暗示程度、导致心理问题的原因和身体状态等多种因素。对体质虚弱、有心脏病、承受能力差的来访者,要慎用这种方法。

3. 厌恶疗法　厌恶疗法是将某些不愉快的刺激通过直接作用或间接想象,与来访者需改变的行为症状联系起来,使其最终因感到厌恶而放弃这种行为。其基本原理是,将来访者的不良行为与某些不愉快的、令人厌恶的刺激相结合,形成一个新的条件反射,用来对抗原有的不良行为,进而最终消除这种不良行为。常用的厌恶性刺激有物理刺激(如电击、橡皮圈弹痛等)、化学刺激(如呕吐剂等)和想象中的厌恶性刺激(如口述某些厌恶情境,然后与想象中的刺激联系在一起)。在进行心理治疗时,厌恶性刺激应该达到足够的强度,通过刺激能使来访者产生痛苦或厌恶反应,直到不良行为消失为止。

4. 代币法　代币法又称奖励强化法,是一种通过奖励(即强化)而形成某种期望出现的适应性行为的方法,即当来访者一出现某种预期的良好表现时,立即给予奖励,使该行为得以强化。

(四) 人本主义疗法

人本主义疗法是美国人本主义心理学家罗杰斯以人本主义理论为基础,于20世纪50年代提出的一种心理治疗方法。人本主义理论相信个体实现倾向的巨大推动力和个体积极成长的力量,也相信人有能力引导、调整和控制自己。因此,人本主义疗法的治疗过程就是让来访者处于治疗的中心地位,依靠调动来访者的自身潜力来治愈疾病。在治疗过程中治疗者的任务不是教育、指导和训练,而是创造一种环境和心理氛围。心理治疗的关键是治疗者对来访者的尊重和信任,以及建立一种有助于来访者发挥个人潜能,促使其自我改变的合作关系。

在人本主义疗法治疗中,主要有三种有助于建立良好关系,促进来访者心理成长的技术,它们是无条件积极尊重与接纳、坦诚和设身处地理解和通情的技术。

1. 无条件积极尊重与接纳　这是治疗者应具有的一种最基本的态度,是指治疗者不加任何附带条件地接受或赞许来访者。不论来访者的情绪和思想多么混乱和不合理,治疗者始终对其表示关注和理解,使来访者逐渐学会以同样的态度对待自己,逐渐减少否认、歪曲的经验,更趋于认同和体验自己的即时情感和经验。

"无条件"是对来访者不加批判地接受,避免对来访者做任何评价,不给予任何诊断标签,只把来访者作为一个"人"加以尊重,接受其情感和行为。

"积极"是治疗者对来访者自己解决问题的能力表示信任。治疗者不以专家自居、不教育、不指责、不劝告,不代替来访者做决定,不替来访者承担责任。

"尊重"是对来访者关心,不试图控制来访者。而是通过认真倾听、耐心和热情来表达对来访者积极关注的情感。

然而,无条件积极尊重与接纳并不是对一切都喜欢,而是向来访者表达治疗者乐于接受来访者、理解来访者、同时关心和帮助来访者,在任何时候对来访者都以诚相待。这样使来访者能感到心灵上的共鸣,来访者把治疗者当成一个能倾听、理解并接受其思想和感受的人,感到这个世界上有人能够真正理解、关心和帮助自己,愿意把自己心灵深处一切所想到的和所感受到的全部倾诉出来。

2. 坦诚 坦诚的一个主要成分就是表里如一,治疗者对自己不加任何矫饰,以自己本来的面目出现,真诚、真实、真情,不虚伪、不隐瞒、不掩饰自己的不足。治疗者会随时把自己的思想情感和行为毫无保留地反映在治疗过程中,表达出完整的自我,这种真诚必须是发自内心的。

坦诚也意味着治疗者要把自己置身于与治疗关系有关的情感经验之中,当来访者处于痛苦时表现出关心和同情;当来访者经受外界不公正待遇时表现出愤慨与不平;当来访者陷于困境中时表现出不安等。真实的情绪反应可以作为治疗者表现坦诚的标志。不管这些感情内容是积极的或是消极的,治疗者越能意识到各种情感体验并表达出来,治疗就越容易取得进展。

情感的体验和表达是坦诚的最高标准,但要达到这一目标却不容易,它需要勇气和毅力,需要修炼。治疗者可以与来访者交流自己的经历、挫折和情感体验,但又不要喧宾夺主,在治疗过程中的主要对象是来访者,来访者是中心,坦诚为来访者提供了一种榜样作用。

治疗者自己的思维态度和行为的一致性,及其表达程度也影响着来访者和治疗取得进展的程度。罗杰斯对此有较精彩的描述:"我认识到由于他自己的惧怕,他会把我看作是冷漠的、不理解他的人。我希望完全接受他的这些情感,然而我也希望我能以一种他能接受的方式表达我的真实情感而不致被他误解。最重要的是我希望他以真实的人和我交往,我也不需要介意自己的情感是否是治疗性的,如果我能在与他的关系中坦率地表现我本来面目和我本来的感觉,于是他也许能成为本来的他,开放且毫无惧怕。"

3. 设身处地理解和通情 治疗者能站在来访者的立场上,用来访者的眼光看待他们的问题,体会它们对来访者的意义,感受来访者的经验、情绪,体会他们的痛苦和不幸。通情反映了治疗者准确、敏捷地深入来访者的内心世界,在最深的层次上体验到来访者的情感和感受的能量。在治疗的每时每刻,治疗者都能理解和适应来访者的情感状态。

要做到通情,治疗者必须踏上一次情感的旅程,与来访者的体验同步而行,但又不对此进行判断或受到他们的感染。当治疗者不仅反映来访者的情感状态,而且按照自己的情感标准去衡量来访者的情感是否合适时,通情就变成了判断。这种评价不仅不能传达设身处地的理解,而且还会使来访者变得防御。

人本主义疗法会给来访者带来什么结果呢?主要表现在五个方面:①评价现象的能力,来访者从使用别人的价值观转到了肯定自己的价值观。②防御和经验方式,来访者防御性减少,灵活性提高,先前意识不到的东西能认识了,知觉识别力增强了,敢于分析自己了。③自我概念,来访者形成了清晰、积极和一致的自我。④对别人的看法和相处方式,来访者不仅建立了积极的自我价值观,而且以乐观的眼光来评价别人。⑤人格的成熟和健全,来访者行为上成熟了,提高了对挫折的承受能力和迅速恢复的能力。

人本主义疗法不仅是一种心理治疗的方法,更主要的是一种心理治疗的思想。在临床实践中,人本主义疗法主要适用于神经症和其他有消除自身心理障碍动机的人,在国内还适用于针对正常人群的心理咨询,但对于精神病来访者不适用。

(五)认知疗法

认知疗法是 20 世纪 60 年代创立并逐步发展成熟的一种心理疗法,它是根据认知过程影响情感和行为的理论假设,通过认知和行为技术来改变来访者不良认知的一类心理治疗方法的总称。

1. 合理情绪疗法　合理情绪疗法是美国著名心理学家埃利斯于 20 世纪 60 年代创立并发展成熟的一种心理治疗方法。该理论认为,使人难过和痛苦的不是事件本身,而是对事件不正确的解释和评价。合理情绪疗法的核心理论是 ABC 理论。在 ABC 理论中,A 是指外界的刺激性事件,B 是指个体内在的非理性的认知系统,C 是指出现在个体身上的情绪和行为结果。人们往往错误地把不良情绪的原因归咎于 A,而忽视了起主要作用的中介因素 B。合理情绪疗法突出 B 对 C 的因果关系,采用积极的、指导性的语言,指出来访者认知系统中的非理性成分,通过各种练习和作业,促进不良认知的矫正过程,达到改变不良情绪和行为的目的。

2. 自我指导训练　是一种认知与行为结合的治疗方法,用于对抗适应不良性认知。不良认知常引起情绪障碍,如抑郁、焦虑等,此时可有意识地采用另一种思想进行对抗和辩论。例如,焦虑患者在心跳较快时会产生"我将会得心脏病"的想法,此时训练患者反复重复"心跳加快是对应激的正常反应"的想法,这就是一种自我指导训练。治疗师帮助来访者弄清问题,指出不正确的想法及对其情绪、行为的影响,帮助来访者找到另一种更适当的说明。

本章小结

　　本章比较系统地介绍了心理咨询和心理治疗的理论、技术和方法。难点是心理咨询的技术及常用的心理治疗方法。

　　心理咨询是心理咨询师运用心理学的理论和技术,协助来访者解决心理问题的过程,即助人自助。其服务对象是健康人群或存在心理问题的人。心理咨询的常见形式有:门诊咨询、电话咨询、互联网咨询、信函咨询、现场咨询、专题咨询。心理咨询的技术有:参与性技术和影响性技术。

　　心理治疗是指以彼此良好的关系为前提,由经过专业训练的治疗师运用心理学的理论和技术,对来访者(患者或正常人)的心理或行为问题进行矫治,以达到改善心理状态和行为方式的过程。常用的心理治疗方法有：精神支持疗法、精神分析法、行为疗法、人本主义疗法、认知疗法。

通过本章的学习，可使学生们对心理咨询和心理治疗技术有一个基本的了解、对于将来更好地从事医疗服务工作是很有指导意义的。

（卢永菲）

 目标测试

一、名词解释

1. 心理咨询

2. 心理治疗

二、选择题

1. 倾听时的鼓励性回应技巧中最常用、最简便的是

    A. 点头   B. 目光注视   C. 手势

    D. 言语   E. 简单应答

2. 鼓励技术中最常用的方法是

    A. 不断提问   B. 直接重复患者的话   C. 及时表扬

    D. 给予奖励   E. 适时总结

3. 下列说法中不正确的是

    A. 非言语行为能够提供许多言语不能直接提供的信息

    B. 非言语行为能反映患者想要回避或隐瞒的内容

    C. 医生可以利用非言语行为表达对患者的理解

    D. 非言语行为的含义是唯一的

    E. 咨询者通过对非言语行为的理解，了解来访者的心理活动

4. 面质技术的含义是

    A. 当面质问患者   B. 患者对医生质疑

    C. 指出患者身上存在的矛盾   D. 咨询双方当面对质

    E. 医生对患者质疑

5. 自我开放的主要形式是

    A. 开诚布公地袒露自己

    B. 自觉、主动地公开个人生活

    C. 自我剖析、自我批判

    D. 暴露与患者所谈内容有关的个人经验

E. 来访者把自己的一切告诉咨询者

6. 在吮指癖小儿的手指上涂苦味剂属于
   A. 满灌疗法　　　　　B. 系统脱敏法　　　　C. 厌恶疗法
   D. 松弛疗法　　　　　E. 认知疗法

7. 系统脱敏法的基本步骤中不包括
   A. 学习放松　　　　　B. 排列出焦虑等级　　C. 逐级系统脱敏
   D. 签订咨询协议　　　E. 循序渐进

8. 满灌疗法的另一名称是
   A. 冲击疗法　　　　　B. 现实疗法　　　　　C. 系统疗法
   D. 想象疗法　　　　　E. 厌恶疗法

9. 厌恶疗法的厌恶刺激必须是
   A. 意外的　　　　　　B. 柔和的　　　　　　C. 强烈的
   D. 快速的　　　　　　E. 变态的

10. 首次就将恐高症患者带至16层楼顶,属于下列哪种心理治疗方法
    A. 系统脱敏法　　　　B. 厌恶疗法　　　　　C. 放松疗法
    D. 现实疗法　　　　　E. 冲击疗法

第九章 | 医 患 关 系

09章 数字资源

学习目标

1. 掌握:医患关系的模式;医患沟通的内涵和基本方法。
2. 熟悉:医患关系的概念;患者的一般心理问题;建立良好医患关系的原则、要求。
3. 了解:医患关系的重要性;医患交往中存在的问题;医患沟通的意义。

第一节 医患关系概述

随着现代科学技术的迅猛发展,医学正在以前所未有的速度,从传统的生物医学模式向生物-心理-社会医学模式转变。作为医疗实践活动中最基本的人际关系,医患关系的协调与否将直接影响着整个医疗卫生领域实践活动的开展与良性运转。

一、医患关系的概念

医患关系是医学领域中的特殊关系,是人际关系在医疗情境中的一种具体化形式。主要是指以医生、护士为主的职业群体与以患者为中心的社会群体在临床诊疗活动中形成和建立起来的人际关系。

广义的医患关系是指医务人员包括医生、护士、药房、医技科室人员、行政管理者及其他医务工作人员与患者包括患者家属、工作单位、朋友和同事之间的关系。

二、医患关系的重要性

医患关系的建立与发展并非源于医患之间的相互吸引,而是为了满足患者的健康需要,以医疗活动为中心的特殊人际关系。医患关系形成的过程,实质上是医护人员以自己的专业知识和技能,帮助患者摆脱病痛,预防疾病,保持健康的过程,是一种帮助性的人际关系。并且,所有的医疗过程和医患交往都要作用于患者,是以患者为中心的人际关系,对医患关系的评价也主要以对患者的作用和影响为标准。因此,患者就医是寻求医护人员的帮助解除病痛,救死扶伤是医护人员一切行为的根本点和出发点,双方的目标不仅一致,同时又相互依存。没有患者,也就没有医生这一职业。患者依靠医生拯救和延续生命,没有医生,患者就没有良好的生活质量,实际上医患关系是利益的共同体。医患关系的建立与发展,医生处于相对主动的地位,其行为起决定性作用。医患关系在医疗过程中的重要性体现在两个方面:

(一)良好的医患关系是医疗活动顺利开展的前提和保证

从疾病的诊断、治疗到疾病预防措施的实施,都需要患者的密切合作,患者的合作源于对医生的尊重和信任,信任关系是完成医疗工作所必需的。由于信任,医患之间可以充分交往,搜集到明确的病情资料;医生在将诊疗的信息传递给患者或患者家属时,源于信任和理解,患者遵从医嘱率高,特别是在药物治疗和改变患者与疾病相关的生活方式的医嘱上,如果没有患者及家属的积极配合是难以获得预期效果的。同时,患者也会把自身的感受、情绪体验、疗效信息传递给医护人员,使医护人员作出适当的反应,调整治疗方案、实施相应的技术处理,促进医疗活动顺利开展。

(二)良好的医患关系可调节和促进医患双方的健康

良好的医患关系可以营造良好的心理氛围和情绪反应,对医患双方的心理健康均有维护和促进作用。医患双方把情感、意见、要求等及时表达,特别是患者表达与宣泄了因疾病带来的不良情绪,感受到医护人员提供的理解、关心、体贴,就会减轻或消除疾病所造成的心理压力,使患者获得心理需要上的满足并变被动配合为主动参与。医护人员从医患交往中获得有关信息,改善了患者的病情,提高了患者的遵医行为,从中体验到工作的成就感,也获得心理上的满足,带来的积极情绪反应有益于心理健康。

反之,医患关系不良或交往受阻无疑会影响双方心情进而带来躯体反应。所以说在医患关系这种特定环境中、特定状态下的人际关系本身就具有治疗意义。

三、医患关系模式

医患关系模式是指在医疗活动中医患双方相互作用的方式,一般分为三种基本模式。

(一)主动-被动型

主动-被动型是一种以生物医学模式及疾病的医疗为主导思想的医患关系模式。其特征是"医生为患者做什么",医生是完全主动的一方,患者则被动地接受医疗活动。医患双方属于显著的心理差位关系,医生的权威不会被患者所怀疑,患者一般不会提及任何异议。

这种模式常常用于昏迷、手术、全麻、休克、严重创伤、某些精神疾病及婴幼儿患者等。这些人或者神志不清，或者智力低下，或者年幼无知，难于表达自己的意见，完全排除患者的主观能动性。由于是单向作用于患者，因此，医生必须具有高度的责任心，采取损伤最小、收益最大、最好的诊疗手段，这样才符合医生良好的职业道德。

（二）指导-合作型

指导-合作型是一种一方指导，另一方配合的有限合作模式。其特征是"医生告诉患者做什么"，医患双方在医疗活动中都是主动的。医生运用技术上的权威性，在指导患者治疗疾病的过程中占主导地位，而患者的主动性是以配合和服从医护人员的意见为前提的，他们承认并尊重医生的权威，且乐于合作，但可以对医生提出疑问并寻求解释。

这种模式主要适用于急症、危重患者，手术前、手术后患者及少年儿童患者等。这类患者神志清晰，但病情重，对疾病的治疗及预后了解少，需要依靠医生的指导和帮助。因此，需要医生有高度的工作责任感，良好的医患沟通技巧，指导患者更好地配合治疗。

（三）共同参与型

这种模式是新医学模式的产物，更重要的是强调患者的积极主动作用。在这种模式中，医务人员和患者作为伙伴在一起合作，医患之间有大致相等的主动性及权利。这种模式主要适用于慢性疾病患者，这类患者患病时间长，反复发作，因此对自己的体质状况、疾病治疗的过程较为熟悉，可谓"久病成医"，有自我治疗的意识和能力。运用这种模式的核心在于通过共同参与，相互协商来决定医疗措施的实施，以帮助患者自我治疗，自我护理。

以上三种医患关系模式分别适用于不同的医疗情境与疾病，但也不是固定不变的，它可以随着病情的转化由一种类型转向另一种类型（表9-1）。如对一个因昏迷而入院的患者，首先可采用"主动-被动型"模式，当他意识恢复时，可逐渐转为"指导-合作型"模式，当他进入康复期时，采取"共同参与型"模式则较为适宜。在现代诊疗活动中，医患双方平等磋商的共同参与型模式逐步占重要位置。

表9-1　医患关系的三种基本模式

	主动-被动型	指导-合作型	共同参与型
医护人员的作用	为患者做某事	告诉患者做某事	帮助患者做某事
患者的作用	接受（不能反对或无作用）	合作者（服从）	合作关系的参加者（利用专家的帮助）
临床应用	昏迷、全麻、严重创伤患者等	急危患者、手术前后患者	大多数慢性病患者
模式的原型	父母-婴儿	父母-儿童	成人-成人

第二节 医患交往

从心身一元论的角度看,人的心理与生理功能是相互联系、相互影响的。心理问题可影响患者的躯体健康,躯体的损伤或疾病反过来也会直接或间接地造成心理紊乱和心理问题。因此,医护人员应及时识别患者的心理反应,了解产生这些心理问题的原因,并有针对性地进行心理疏导和心理护理,使患者消除顾虑,主动配合检查、治疗。

一、患者的一般心理问题

患者由于所患疾病的性质、严重程度、个体抵抗力的不同,因而心理反应、对疾病的态度、临床表现也各有差异。患者常见的心理问题主要有以下几个方面:

(一) 焦虑

焦虑是一种对自己疾病的预后和个人前途命运过度担心所产生的消极情绪反应,包括着急、担心、紧张、不安和害怕等成分。引起患者焦虑的因素很多,例如,疾病初期患者对疾病的病因、转归、预后不明确或是过分担忧;患者希望对疾病做深入检查,但又担心会出现可怕的结果,因而产生焦虑;患者对机体有威胁性的特殊检查不理解或不接受,特别是不了解某项检查的必要性、可靠性和安全性而引起焦虑;患者因为生病后感到事事不顺心而心烦意乱,导致焦虑。

患者的焦虑一般说来可分三类。

1. 期待性焦虑　即面临即将发生的但又未能确定的重大事件时的焦虑反应。常见于尚未明确诊断或初次住院的患者,不了解自己疾病性质和预后的患者等。

2. 分离性焦虑　患者住院,不得不和他所熟悉的或喜欢的环境和人分离,包括配偶、子女、亲朋、同事、家庭和单位等。一旦分离,便会产生分离感而伴随情绪反应。特别是依赖性较强的儿童和老年人,更容易产生一些心理问题。

3. 阉割性焦虑　这是一种针对自我完整性的破坏或威胁所造成的心理反应,也属一种分离性焦虑。从自我的心理发展来看,躯体的完整性是自我完整性的一个重要部分。最易产生这类反应的是要行手术切除某脏器或肢体的患者,他们的阉割性焦虑十分强烈。但有人认为即使是抽血、引流、胸透等治疗、检查也是对躯体完整性的破坏。

轻度的焦虑状态对治疗疾病有一定好处。但对于高度焦虑或持续性焦虑反应的患者,完全消除他们的焦虑是很困难的,医务人员应给予格外重视,应设法帮助他们减轻心理负担。在接触患者的时候,医务人员要热情、主动、认真地进行检查,通过交谈了解患者焦虑的原因,采取各种心理疗法给以解决。对不同年龄患者有针对性地给予心理指导,适应医院环境、制度,建立良好的医患关系、病友关系。对有些检查和治疗方法给以简要介绍,让患者有一定的心理准备。手术之前的心理准备是心理干预的有效途径,实践证明也是减轻焦虑的一种好方法。

（二）恐惧

恐惧反应是患者面临某种具体而明确的威胁或危险时所产生的一种负性情绪体验。引起恐惧的原因主要有害怕疾病所带来的一系列影响，害怕疼痛以及病后的生活或工作能力受影响等。患者恐惧情绪与认知评价有关，认为对自己刺激、影响越大的因素，越是恐惧它的到来。不同年龄、性别的患者社会经历不同，对疾病的恐惧及对治疗方法的恐惧是不同的。儿童患者的恐惧多与黑暗、陌生、疼痛相联系，成年患者的恐惧多与住院、损伤性检查、手术疼痛、手术后果、将来的生活能力等联系。患者的恐惧常伴随有疑虑、对诊断、治疗方法及治疗效果的怀疑，担心误诊、误治、药物的副作用及手术的后遗症等。

医务人员要认真分析患者恐惧的原因和促成因素。要以交谈为主要途径，倾听患者的叙述，观察患者的情况，如不安、手发颤、出汗、说话声音的变化等。针对患者的具体情况，给予解释、安慰，改变患者的认知，达到减轻或消除恐惧情绪的目的。

（三）抑郁

抑郁是一种以情绪低落为特点的消极情绪状态，常与患者的可能丧失和实际丧失有关。表现为闷闷不乐、忧愁、压抑、悲观、失望、自怜、绝望，对周围的事物反应迟钝，失去生活的乐趣，也有人有轻生的念头。患者的抑郁情绪，主要由治疗不顺利、不理想，缺乏治疗的信心和勇气所致，也同患者年龄、家庭因素有关系。长期严重抑郁对患者是很不利的。抑郁的身心症状会增加医生为患者做出诊断的难度，也会降低患者的免疫功能，从而增加对患者原有疾病的治疗难度，产生引发新的疾病的可能性。抑郁还会减少患者所能获得的社会支持，妨碍患者同医务人员的合作。

医务人员要提供有希望的治疗信息，给患者更多的解释、开导，尽可能消除或减轻患者的躯体症状，逐渐树立治疗的信心与勇气；增加患者的娱乐活动内容，转移患者的注意；鼓励患者与病友经常接触，参与病区的其他活动。

（四）愤怒

愤怒反应多发生于一个人在追求某一目标的道路上遇到障碍，受到挫折时。引起患者愤怒的原因有很多，例如医疗条件限制，个人身体状况差或患上难以有效治疗的疾病等。此外，患者的愤怒也可来自医院和医疗之外。

在医疗工作中，医务人员不仅自己应当理解和体谅患者的愤怒反应，进行适当的引导，而且应向患者家属说明患者愤怒反应与攻击是治疗受挫所致，患者在这时更需要得到周围人的体谅与关心。对于少数因不合理要求得不到满足而愤怒的患者，医务人员更须冷静处理。

（五）孤独感

孤独感与分离感相联系，当个体感受到需要或希望与他人接触，但却无力实现这种状态，就会感受到孤独，这是一种消极的情绪。一个人因生病而离开了家庭和工作单位，住

进病房,周围接触的都是陌生人。患者的孤独情绪有如下表现:

1. 明显的孤独感　如情绪低落、忧郁、焦虑,表情悲伤、呆滞。述说无用感、被遗弃感、无安全感等消极感受。

2. 希望与他人有更多的接触　但与人交往时往往又表现退缩、胆怯。

3. 患者表现出行为的改变　如活动减少、注意力分散、无法做决定、易激惹、睡眠紊乱、饮食改变等。

医护人员应理解患者的孤独心理,关心爱护患者,保持和患者的接触,尽量满足患者的需要,安排亲友探视,组织病友之间交流情感。

(六)猜疑

猜疑是一种消极的自我暗示,它是缺乏根据的猜测,会影响人对客观事物正确的判断。一些患者对诊断表示疑问,主观上不情愿得病,常有"我实际上没有病""我怎么会得这种病"等想法。猜疑还可以泛化涉及整个医疗过程,对治疗、用药、检验等都作猜疑反应。听到别人低声细语,就以为是在议论自己的病情,觉着自己的病情加重,甚至没救了;对别人的好言相劝也半信半疑,甚至曲解别人的意思;总担心误诊,怕吃错药、打错针等。此时,医护人员要加强与患者的交流,了解患者希望得到什么信息,并向其正确叙述病情。但是,需要明确注意并不是所有患者都想知道疾病的真实情况,交谈中允许患者表露他们的情感与行为,说出自己的真实感受。

(七)失助感和自怜

当一个人认为自己对所处情境没有控制力并无力改变它的时候,就会产生失助感。这种失助感还可以泛化而导致失望和抑郁等临床表现。失助感是因自我价值感的丧失,自信心降低所造成的,是源于生命受到威胁的心理应激。与失助感相联系,患者往往会出现自怜自卑情绪,可能表现为大发脾气,以发泄内心的怨与恨,甚至表现为类休克状态、麻木不仁,感到处于梦样状态,或不能活动,或做些对人对己都毫无意义的活动。也有的患者面对镜中的自己告别,回首往事,留恋人生。这种消极情绪极不利于治疗康复,医护人员要给以心理支持激发其能动性,转化不良心境,使之感到能有所期待。

(八)期待

患者的期待心理乃是指向未来的对美好想象的追求。一个人生病之后,不但躯体上发生变化,心理上也经受着折磨。因此不论急性病还是慢性病患者都希望获得同情和支持,得到认真的诊治和护理,急盼早日康复。这种期待心理促使患者四处求药,八方投医。他们寄托于医术高超的医生,寄托于护理工作的创新,寄托于新方、妙药的发明,盼望着医疗奇迹的出现。期待水准较高的患者,往往把家属的安慰、医生护士的鼓励视为病情减轻,甚至是即将痊愈的征兆。当病情加重时,又期待着高峰过后即将出现好转;当已进入危险期,也期待着有起死回生、转危为安的可能。这种心理对患者来说是渴望生存的精神支柱,是一种积极的心理状态,客观上对治疗是有益的。当患者看到医护人员以实际行动向患者所期待的方向努力,病情果真向既定目标转化,则会更加鼓舞他们顽强地与疾病作斗争。但有的患者所期待的目标是无事实根据的,所以往往会落空。一旦落空,患者会陷入迷惘之中,情绪消沉、精神崩溃,导致失助感和自怜,这是要预防的。从心理学的观点讲,医务人员应当引导患者往积极的方向想,总是有期待,这样既会少受精神折磨,而且还有助于康复。即使预后不佳,也应当让患者有盼头,感到生命有希望。

二、医患交往中存在的问题

医患双方在医疗活动中围绕患者的健康问题进行不断深入的信息交流,交流的信息既包括同疾病诊治直接有关的内容,也包括医患双方的思想、情感、愿望和要求等方面的表达。医患交往是为了增加相互了解,但由于信息传递与理解上的差异,使医患交往不尽如人意,以致影响医患关系。

(一)医患交往时的心理状态

一个人在一段时间内的心理或情绪状态,会影响他与人的交往。心理应激,作为一种心理上的紧张状态,是影响医患交往最常见的因素之一。在医疗活动中,医患双方都会经常地处于心理应激的影响下。对于医生来说,不仅需要对患者做出正确的诊断与治疗,而且要帮助其解决某些心理、社会问题。当医生认为自己的能力不足以满足上述的需要时,就会对自己诊治患者疾病的水平感到忧虑,或担心自己不受患者欢迎,从而造成心理应激及危及医患关系的心理反应。

(二)医患间的冲突

冲突发生于有两个竞争目标出现之时。按理说,在医疗情景中医患双方具有共同的目标——患者的复原或康复,不应当有冲突。但在医疗活动中,由于医患双方的实际地位、权利、主动性不同,决定了医患在医疗过程中的角色地位不对称。双方在对医学的理解和相关知识的拥有上优劣势明显,如社会文化背景不同的患者,对医疗活动的理解和医疗服务的需求存在着差异,他们依赖于具有医学专长的医务人员,处于被动地位,当患者不愿接受支配时就出现医患间的动机冲突。医疗中医患双方对对方的期望往往是有差异的,医务人员期望患者遵从医嘱,而患者期望医务人员使用高超医术,又尊重他们的人格,并能真诚地关心、照顾他们。如果医务人员没能尽力满足患者的需要,或者患者没有忠实地按医嘱去做,医患关系就会受到影响,进一步增加双方的动机冲突。此外,由于医患之间沟通不畅或相互交流不足,致使患者对医疗服务内容和方式的理解与医务人员不一致,进而信任感下降也会导致医患间的冲突。

(三)医患间的交往障碍

导致医患沟通不良的因素可来自医患双方。对患者来说,主要是认为自己获得的信息不足,听不懂医生的术语,以为医生态度不好、缺乏耐心,记不住医嘱;医生方面则认为患者的依从性差,提供信息有误等。

1. 信息不足　患者就医的动机主要是希望从医生那里了解自己患了什么病,病情严重程度如何,需要采用怎样的治疗手段,效果如何,预后怎样。这些信息本可以在医患沟通中获得。然而,在医疗活动中,漠视医患沟通的现象较为普遍。

2. 理解有误　是指医患之间虽有信息往来,但是未被对方理解或理解错误,导致双方沟通的网络不通畅。在临床工作中,沟通网络不通畅主要表现在三个方面:一是医务人员较多地使用专业词汇或者患者不熟悉的术语。二是表达的内容含义模糊。三是选择了患者不懂的语言,如使用方言等。

3. 态度不好　交往不仅仅是传递信息,更主要的是通过交往去影响和了解患者,医务人员对患者的态度和同情心,是赢得患者接纳和信任的关键。如果一个医生不尊重患者,态度不好,会被认为没有同情心,患者则对他缺乏信任感、亲近感和信心,就不愿多交谈和倾吐心声,甚至拒绝交流。此外,医务人员对患者的主诉不耐心,对医嘱不做过多解释,对患者病情的真实情况、治疗方案和预后等信息不能及时地传递给患者,往往使患者处于被动中。患者由于医疗知识的缺乏,不能准确地表达自己的需求和意见,导致互相之间发生误解,致使患者对医务人员失去信任感,影响医患交往的顺利进行。

4. 回忆不良　研究发现,患者离开诊所后5分钟就有约一半的信息丢失,这是因为人类的短时记忆容量有限,若要长期保存信息,则需要对所接受的信息进行编码。因此,医生在给患者医嘱时应考虑恰当的方法,以便能帮助患者记忆。

研究表明医生采用以下措施有助于患者的记忆:①将医嘱内容进行归纳。所患疾病的名称,病情可能出现的变化,需要进一步做的检查,要进行的处理,生活方式应做哪些改变等。②指导力求具体。对需要患者进行配合的要求应明确、具体,不要一般而言或模糊笼统,如要求糖尿病患者"每天食量应控制在6两",而不是笼统地说"您必须进行饮食控制"。③重要的医嘱首先提出。心理学中的首因效应提示最先认识的项目回忆最好。④语句表达通俗易懂,简洁明了。⑤复述可以增强记忆。在患者离开前让其将医嘱复述一遍,有利于增强记忆。

5. 依从性差　依从性又称遵医行为,是患者的执行医嘱率。依从性差是反映交往不良的直接效果。依从性不良的表现有:拒绝执行医嘱、部分执行医嘱、中途自行停止执行医嘱。导致患者依从性不良的影响因素很多,来自患者方面的主要原因是对医生不满意,如医嘱不符合患者的社会需要、医嘱过于复杂或较为含糊,患者不能理解导致回忆不良,医疗措施或药物治疗的痛苦及不良反应等。来自医生的原因:医生让患者失去信任,医嘱要求过高患者难以完成等。患者依从性差是医患交往最大的障碍,直接导致交往受阻甚至中止。医务人员应及时查找原因,提高患者遵医的依从性。如提高医务人员的职业道德和服务态度;医嘱要切实可行并符合安全、经济、有效的原则;医务人员在指导患者执行医嘱时要力求解释充分,明确简洁,便于患者理解和记忆等。否则即使有一流的医疗技术,也不能取得满意的临床效果。

第三节　建立良好的医患关系

建立良好的医患关系是医患双方共同努力的结果,但是医生与患者的交往是一种职业行为,建立医患关系是医生职业的要求,具有一定的强制性。不管医生是否愿意,也不论患者的年龄、身份、职业、素质如何,医生都应努力与患者建立良好的医患关系。

一、建立良好医患关系的原则

(一)平等待人是建立良好医患关系的前提

正常的医患关系,必须以人格的平等为基石,医患双方必须互相尊重,特别是医生必须尊重患者的自尊心与感情,尽量做到将心比心,以诚相待。医患双方要对等交往,做到情感对等、地位对等,切忌盛气凌人、自高自大,否则很难建立良好的医患关系。

(二)互利合作是建立医患关系的基础

在医患关系中,患者注意医生的医德是否高尚,医疗技术是否精湛,态度是否认真细致。医生注意患者的疾病,注意患者对疾病的态度,是否积极接受治疗,与医生配合的程度等。双方密切注意、互相关心中,传递了感情,交流了思想,沟通了信息,实现了互利合作。

(三)讲究信用是建立医患关系的关键

医患双方交往是在平等基础之上进行的,相互之间必须讲信用。医生对患者讲信用,有利于推行医疗措施,提高医疗效果。患者对医生讲信用,有利于治疗和康复。医生对患者说到做到,不轻易答应什么,一旦答应一定办到,即使做不到也一定要有交代。患者对于医生,也应说到做到,凡是答应的一定要完成,万一做不到的一定要说明。这样才有利于建立良好的医患关系。

(四)既宽宏大量又具有自我保护意识是建立医患关系的保证

在医患交往中,作为医生有时要忍受患者各种消极情绪的发泄,照顾患者的各种需要,解释患者的不合理意见,所以就要求医生应心胸宽广,有较强的忍耐力并具备全心全意为患者服务的献身精神和职业道德。但由于医患关系的矛盾,时常会出现医患纠纷,产生矛盾的因素很多,其中可能涉及道德、伦理、法制等方面一系列问题,单纯强调医患双方的精神境界显然不行,还得靠可行的医疗制度和法律保障、规范和约束。医务人员在遭遇医患纠纷的时候,应有较强的自我保护意识。

二、建立良好医患关系的要求

(一)转变单纯生物医学模式的医学观

医务人员必须从只重视疾病而忽视心理社会因素的思维模式中解脱出来,跟上现代医学发展的步调,转变在医患关系上不正确的认识和态度。医务人员作为主导方面,医学观的转变是建立良好医患关系的关键环节,因为患者对医务人员的印象是从他们的态度和行为开始的。

(二)具备扎实的专业知识与熟练的操作技能

医务人员扎实的专业知识给患者以信任和希望,娴熟的技能操作过程拉近了医患之间的心理距离,患者愿意主动提供信息,并获得及时与准确的诊治。可见,医务人员必须对专业知识精益求精,并努力学习和掌握人际关系的知识和沟通技巧,才更利于建立良好的医患关系。

(三)加强心理素质与道德素质的修养

医务人员要有良好的人格品质,保持个体心理健康,对应激与挫折有一定的承受力,能自觉、有效地调节和控制情绪行为,理解和关心患者的疾苦。树立善待生命的医德观,在制订和实施医疗方案中多替患者着想,将患者的利益放在首位。只有患者和医护人员互相理解、互相尊重,才会减少摩擦和内耗,而我们每个人也才能从宽容与和谐的气氛中获益。

(四)加强医院的人性化管理

医院管理应体现以患者为中心,完善规章制度,改善医院服务条件,消除不合理的收费项目,做好患者的宣教和管理,提高医疗机构的服务意识,为建立和维护良好的医患关系创造条件。同时,管理工作者也应学习和应用管理心理学和社会心理学知识,提高自身的综合素质,促进医院管理的科学化和现代化。这是医患关系中必须重视的影响因素。

三、医患沟通的方法

建立健康和谐的医患关系应从医患沟通开始,实施有效的医患沟通是提高医疗服务质量的需要,是医学人文精神的需要,也是融洽医患关系和减少医患纠纷的最佳途径。

(一)医患沟通的内涵

医患沟通是指在医疗卫生和保健工作中,医患双方围绕伤病、诊疗、健康及相关因素等主题,以医护人员为主导,通过全方位信息的交流,科学指引诊疗患者,使医患双方达成共识并建立信任合作关系,达到维护人类健康、促进医学发展和社会进步的目的。

(二)医患沟通的方法

医患沟通的基本方法主要有言语沟通和非言语沟通。

1. 言语沟通　语言是交流的工具,是建立良好医患关系的一个重要载体。希波克拉底曾说过,医生有"三大法宝",分别是语言、药物、手术刀。医生一句鼓励的话,可以使患者转忧为喜,精神倍增,病情立见起色;相反,一句泄气的话,也可以使患者抑郁焦虑,卧床不起,甚至严重影响患者的治疗,导致出现不该出现的结果。因此,医护人员一定要重视语言在临床工作中的意义,不仅要语言美,尽量避免伤害性语言,而且还要讲究与患者沟通的语言技巧。

言语表达方式多种多样,任何一句话都可以有多种说法,所谓"一句话,百样说",说法不同,效果截然不同。医学交谈中常用到以下技巧:

(1) 充分准备。

(2) 善于倾听。

(3) 体会患者的感受。

(4) 注意提问的方式。

(5) 恰当的反应。

(6) 抓住主要问题。

(7) 小结、记录。

2. 非言语沟通　虽然人类交往是以言语为其特色,但从量上来看,大多数沟通是在非言语水平上进行的。从患者到达医院或诊所时起,就有许多非言语性提示影响交谈的气氛和形式,如椅子的位置、医生的举止、致意的方式都可以在决定患者的态度和期望中起重要作用。同样医生也可以从患者的外表,进入诊室的动作和开场白中去了解患者的心境和个性。这些非言语行为又称体态语、身体语言、动作语言、无声语言等,它具有增强有声语言表达力和感染力的重要作用。美国研究非言语沟通的心理学家艾伯特·梅拉比安曾提出这样一个公式:

信息接收的全部效果 = 语言(7%) + 表情(55%) + 语调(38%)

以上公式证明,在人类沟通中互动双方所获得的信息有很大部分来自非言语沟通,它具有语言不能代替的功能。非言语性交往可分为动态和静态两种。

动态又称为"体态语言",包括面部表情、目光接触、身体姿势、人际距离与空间位置等。静态包括容貌修饰、衣着打扮、风度仪表等。

本章小结

　　本章比较系统地介绍了医患关系的概念、模式、重要性及患者的一般心理问题和医患交往中的常见问题。在此基础上详解了建立良好医患关系的原则、要求及医患沟通的内涵和医患沟通的基本方法。重难点是医患关系的模式、重要性及医患沟通的基本方法。

　　医患关系是一种特殊的人际关系,是医疗人际关系中的关键。医患关系的好坏直接影响医疗质量,是顺利开展医疗活动的保证,也可以营造良好的心理氛围。医患关系主要有三种模式即主动—被动模式;指导—合作模式;共同参与模式。

　　建立良好的医患关系应从医患沟通开始,实施有效的医患沟通是提高医疗服务质量的需要,是医学人文精神的需要,也是融洽医患关系和减少医患纠纷的最佳途径。医患沟通的基本方法有言语沟通和非言语沟通。言语沟通的技巧主要有听的技巧、提问方式以及恰当的反应；非言语沟通技巧主要有体态语言及衣着仪表等。

（贺彦芳）

目标测试

一、名词解释

1. 医患关系
2. 医患沟通

二、选择题

1. 医患关系是一种什么性质的人际关系
   A. 依赖性　　　　　B. 帮助性　　　　　C. 合作性
   D. 营利性　　　　　E. 吸引性

2. 下列说法中不正确的是
   A. 良好的医患关系是医疗活动顺利开展的前提和保证
   B. 良好的医患关系可以营造良好的心理氛围和情绪反应
   C. 良好的医患关系对医患双方的心理健康均有维护和促进作用
   D. 良好的医患关系可以保证患者治愈疾病
   E. 医患关系本身具有治疗意义

3. 指导-合作型医患模式适用的患者是
   A. 手术前、后　　　B. 严重创伤　　　　C. 昏迷
   D. 休克　　　　　　E. 慢性疾病

4. 属于患者的分离性焦虑的是
   A. 期待性焦虑　　　B. 广泛性焦虑　　　C. 阉割性焦虑
   D. 持续性焦虑　　　E. 客观性焦虑

5. 当患者出现恐惧心理反应时,医务人员的主要解决途径是
   A. 和患者交谈　　　B. 转移患者注意力　C. 训斥患者
   D. 漠视患者　　　　E. 让患者自己冷静

6. 属于患者的一般心理问题的是
   A. 焦虑、恐惧　　　B. 抑郁、愤怒　　　C. 孤独、猜疑
   D. 失助感、自怜　　E. 以上都是

7. 导致医患沟通不良的因素主要来自

A. 信息不足   B. 回忆不良   C. 依从性差

D. 理解有误和态度不好   E. 以上都是

8. 医患间交往障碍的因素来源于

A. 医生   B. 患者   C. 医患双方

D. 医院   E. 患者家属

9. 非言语沟通中,动态又称为

A. 面部表情   B. 体态语言   C. 身体姿势

D. 目光接触   E. 辅助语言

10. 属于静态非言语沟通的是

A. 面部表情   B. 目光接触   C. 身体姿势

D. 衣着打扮   E. 人际距离

附　录

实　践　指　导

实践一　记忆广度实验

实验目的　测量个体对数字的记忆广度。

实验器材　BD-Ⅱ-407 型记忆广度测试仪（Memory Span Tester）适用于心理特点测定中的数字记忆广度试验和提高记忆力的训练，并具有同时测量被试视觉、记忆、反应速度三者结合能力的功能，是一种常用的心理学测量仪器。

实验方法　用最小变化法测量记忆广度。

（1）主试根据需要方便地改变操作内容。按"编码"键，码Ⅰ、码Ⅱ指示灯及选择编码相互转换，相应码Ⅱ灯亮时，表示记忆材料选编码Ⅱ。按"显示"键，计时、计分指示灯及相应显示内容相互转换，计时灯亮时，六位数码管显示计时和计错。按"方式"键，选择顺答方式。

（2）被试按下键盘盒上的回车键，仪器自动提取一个三位数组。被试见到键盘上回答灯亮时，用键盘按选定方式回答所记忆的数字，回答正确，回答灯灭，计 0.25 分，被试再按下回车键，仪器马上又提取下一个数组，再次回答。如 4 个数组都答对，计 1 分，位长自动 +1。按回车键后，仪器提取下一位组的第 1 个数组。如果回答有错，仪器响一下蜂鸣，答错灯亮，计错一次。被试记不住显示的数码，按下任一数字键，仪器响蜂鸣提示出错，再按下回车键，仪器也马上提取下一组数码。如此循环，直到仪器出现停机长蜂鸣，测试结束。（过程中，每回答错一组数计错一次，被试如连续答错 8 次，仪器自动停机长蜂鸣，测试中断。）

（3）停机长蜂鸣后，显示实验结果。主试改变显示状态，记录被试测试成绩。

（4）进行完顺答后再进行逆答，分别记录下相关的数据。

实验报告　确定自己的记忆广度水平。

实践二　气质类型问卷调查实验

实验目的　通过回答问卷，在掌握测验方法的同时，了解自己的气质类型，并进行自我评价。

实验材料　气质问卷量表（实践表 1）、气质类型记分表（实践表 2）、铅笔。

实验方法　根据气质问卷量表所列题目，学生各自逐一回答，并计算和评价结果。

评定标准

（1）如果某一类气质得分明显高出其他三种，均高出 4 分以上，则可定为该类气质，如果该型气质得分超过 20 分，则为典型性，在 10~20 分，则为一般性。

（2）两种气质类型得分接近，其差异低于 3 分，而且又高于其他两种类型 4 分以上，则可定为这两种气质的混合型。

（3）三种气质得分均高于第四种，而且接近，则为三种气质的混合型。

实验报告　确定自己的气质类型。分析自己有哪些积极和消极因素，以利于人格的完善。

实践表 1　气质问卷量表

下面 60 道题可以帮助你大致确定自己的气质类型。在回答这些问题时，你认为：	
很符合自己情况的	记 2 分
比较符合的	记 1 分
介于符合与不符合之间的	记 0 分
比较不符合的	记 -1 分
完全不符合的	记 -2 分

1. 做事力求稳妥，不做无把握事。

2. 遇到生气的事就怒不可遏，想把心里话全说出来才痛快。

3. 宁肯一个人干事，不愿很多人在一起。

4. 到一个新环境很快就能适应。

5. 厌恶那些强烈的刺激，如尖叫、噪声、危险镜头等。

6. 和人争吵时，总是先发制人、喜欢挑衅。

7. 喜欢安静的环境。

8. 善于和人交往。

9. 羡慕那种善于克制自己感情的人。

10. 生活有规律，很少违反作息制度。

11. 在多数情况下情绪是乐观的。

12. 碰到陌生人觉得很拘束。

13. 遇到令人气愤的事，能很好地自我克制。

14. 做事总是有旺盛的精力。

15. 遇到问题常常举棋不定，优柔寡断。

16. 在人群中从不觉得过多拘束。

17. 情绪高昂时，觉得干什么事都有趣，情绪低落时，又觉得什么都没有意思。

18. 当注意力集中于一事物时，别的事物很难使我分心。

19. 理解问题总比别人快。

20. 碰到危险情景时，常有一种极度恐怖感。

21. 对学习、工作、事业怀有很高的热情。

22. 能够长时间做枯燥、单调的工作。

23. 符合兴趣的事情、干起来劲头十足,否则就不想干。

24. 一点小事就能引起情绪波动。

25. 讨厌做那种需要耐心、细致的工作。

26. 与人交往不卑不亢。

27. 喜欢参加热烈的活动。

28. 爱看感情细腻,描写人物内心活动的文学作品。

29. 工作学习时间长了,常感到厌倦。

30. 不喜欢长时间谈论某一个问题,愿意实际动手干。

31. 宁愿侃侃而谈,不愿窃窃私语。

32. 别人说我总是闷闷不乐。

33. 理解问题常比别人慢些。

34. 疲倦时只要短暂的休息就能精神抖擞,重新投入工作。

35. 心里有话,宁愿自己想,不愿说出来。

36. 认准一个目标就希望尽快实现,不达目的誓不罢休。

37. 同样和别人学习、工作一段时间后,常比别人更疲倦。

38. 做事有些莽撞,常常不考虑后果。

39. 老师讲授新知识、技术时,总希望他讲慢些,多重复几遍。

40. 能够很快地忘记那些不愉快的事情。

41. 做作业或完成一件工作总比别人花的时间多。

42. 喜欢运动量大的剧烈体育活动,或参加各种文艺活动。

43. 能很快地把注意力从一件事转移到另一件事上去。

44. 接受一个任务后,就希望把它迅速解决。

45. 认为墨守成规比冒风险要强些。

46. 能够同时注意几件事物。

47. 当我烦闷的时候,别人很难使我高兴起来。

48. 爱看情节起伏跌宕、激动人心的小说。

49. 对工作抱认真严谨、始终一贯的态度。

50. 和周围人们的关系总是相处不好。

51. 喜欢复习学习过的知识,重复做已经掌握的工作。

52. 希望做变化大、花样多的工作。

53. 小时候会背的诗歌,我似乎比别人记得清楚。

54. 别人说我"语出伤人",可我并不觉得这样。

55. 在体育活动中,常因反应慢而落后。

56. 反应敏捷,头脑机智。

57. 喜欢有条理而不甚麻烦的工作。

58. 兴奋的事常常使我失眠。

59. 老师讲新概念,常常听不懂,但是弄懂以后就很难忘记。

60. 工作枯燥无味,马上就会情绪低落。

胆汁质	题号	2	6	9	14	17	21	27	31	36	38	42	48	50	54	58	总分
	得分																
多血质	题号	4	8	11	16	19	23	25	29	34	40	44	46	52	56	60	总分
	得分																
黏液质	题号	1	7	10	13	18	22	26	30	33	39	43	45	49	55	57	总分
	得分																
抑郁质	题号	3	5	12	15	20	24	28	32	35	37	41	47	51	53	59	总分
	得分																
计算结果	你的气质是																

实践三　常用心理测验量表

1. 症状自评量表(SCL-90)

指导语:以下表格中列出了有些人可能有的病痛或问题,请仔细阅读每一条,然后根据最近一星期以内下列问题影响您或使您感到苦恼的程度,在方格内选择最合适的一格,画一个"√",请不要漏掉问题。

	从无	轻度	中度	偏重	严重
1. 头痛。	□	□	□	□	□
2. 神经过敏,心中不踏实。	□	□	□	□	□
3. 头脑中有不必要的想法或字句盘旋。	□	□	□	□	□
4. 头昏或昏倒。	□	□	□	□	□
5. 对异性的兴趣减退。	□	□	□	□	□
6. 对旁人责备求全。	□	□	□	□	□
7. 感到别人能控制您的思想。	□	□	□	□	□
8. 责怪别人制造麻烦。	□	□	□	□	□
9. 忘记性大。	□	□	□	□	□
10. 担心自己的衣饰整齐及仪态的端庄。	□	□	□	□	□
11. 容易烦恼和激动。	□	□	□	□	□
12. 胸痛。	□	□	□	□	□
13. 害怕空旷的场所或街道。	□	□	□	□	□
14. 感到自己的精力下降,活动减慢。	□	□	□	□	□
15. 想结束自己的生命。	□	□	□	□	□
16. 听到旁人听不到的声音。	□	□	□	□	□

	从无	轻度	中度	偏重	严重
17. 发抖。	□	□	□	□	□
18. 感到大多数人都不可信任。	□	□	□	□	□
19. 胃口不适。	□	□	□	□	□
20. 容易哭泣。	□	□	□	□	□
21. 同异性相处时感到害羞不自在。	□	□	□	□	□
22. 感到受骗,中了圈套或有人想抓住您。	□	□	□	□	□
23. 无缘无故地突然感到害怕。	□	□	□	□	□
24. 自己不能控制地大发脾气。	□	□	□	□	□
25. 怕单独出门。	□	□	□	□	□
26. 经常责怪自己。	□	□	□	□	□
27. 腰痛。	□	□	□	□	□
28. 感到难以完成任务。	□	□	□	□	□
29. 感到孤独。	□	□	□	□	□
30. 感到苦闷。	□	□	□	□	□
31. 过分担忧。	□	□	□	□	□
32. 对事物不感兴趣。	□	□	□	□	□
33. 感到害怕。	□	□	□	□	□
34. 您的感情容易受到伤害。	□	□	□	□	□
35. 旁人能知道您的私下想法。	□	□	□	□	□
36. 感到别人不理解您,不同情您。	□	□	□	□	□
37. 感到人们对您不友好,不喜欢您。	□	□	□	□	□
38. 做事必须做得慢以保证做得正确。	□	□	□	□	□
39. 心跳得很厉害。	□	□	□	□	□
40. 恶心或胃部不舒服。	□	□	□	□	□
41. 感到比不上他人。	□	□	□	□	□
42. 肌肉酸痛。	□	□	□	□	□
43. 感到有人在监视您、谈论您。	□	□	□	□	□
44. 难以入睡。	□	□	□	□	□
45. 做事必须反复检查。	□	□	□	□	□
46. 难以作出决定。	□	□	□	□	□
47. 怕乘电车、公共汽车、地铁或火车。	□	□	□	□	□
48. 呼吸有困难。	□	□	□	□	□
49. 一阵阵发冷或发热。	□	□	□	□	□
50. 因为感到害怕而避开某些东西、场合。	□	□	□	□	□

	从无	轻度	中度	偏重	严重
51. 脑子变空了。	□	□	□	□	□
52. 身体发麻或刺痛。	□	□	□	□	□
53. 喉咙有哽塞感。	□	□	□	□	□
54. 感到前途没有希望。	□	□	□	□	□
55. 不能集中注意。	□	□	□	□	□
56. 感到身体的某一部分软弱无力。	□	□	□	□	□
57. 感到紧张或容易紧张。	□	□	□	□	□
58. 感到手或脚发重。	□	□	□	□	□
59. 想到死亡的事。	□	□	□	□	□
60. 吃得太多。	□	□	□	□	□
61. 当别人看着您或谈论您时感到不自在。	□	□	□	□	□
62. 有一些不属于您自己的想法。	□	□	□	□	□
63. 有想打人或伤害他人的冲动。	□	□	□	□	□
64. 醒得太早。	□	□	□	□	□
65. 必须反复洗手、点数。	□	□	□	□	□
66. 睡得不稳不沉。	□	□	□	□	□
67. 有想摔坏或破坏东西的想法。	□	□	□	□	□
68. 有一些别人没有的想法。	□	□	□	□	□
69. 感到对别人神经过敏。	□	□	□	□	□
70. 在商店或电影院等人多的地方感到不自在。	□	□	□	□	□
71. 感到任何事情都很困难。	□	□	□	□	□
72. 一阵阵恐惧或惊恐。	□	□	□	□	□
73. 感到在公共场合吃东西很不舒服。	□	□	□	□	□
74. 经常与人争论。	□	□	□	□	□
75. 单独一人时神经紧张。	□	□	□	□	□
76. 别人对您的成绩没有作出恰当的评价。	□	□	□	□	□
77. 即使和别人在一起也感孤单。	□	□	□	□	□
78. 感到坐立不安、心神不定。	□	□	□	□	□
79. 感到自己没有什么价值。	□	□	□	□	□
80. 感到熟悉的东西变成陌生或不像是真的。	□	□	□	□	□
81. 大叫或摔东西。	□	□	□	□	□
82. 害怕会在公共场所昏倒。	□	□	□	□	□
83. 感到别人想占您的便宜。	□	□	□	□	□
84. 为一些有关性的想法而很苦恼。	□	□	□	□	□

	从无	轻度	中度	偏重	严重
85. 您认为应该因为自己的过错而受到惩罚。	☐	☐	☐	☐	☐
86. 感到要很快把事情做完。	☐	☐	☐	☐	☐
87. 感到自己的身体有严重问题。	☐	☐	☐	☐	☐
88. 从未感到和其他人很亲近。	☐	☐	☐	☐	☐
89. 感到自己有罪。	☐	☐	☐	☐	☐
90. 感到自己的脑子有毛病。	☐	☐	☐	☐	☐

注:评分方法详见第七章。

2. 焦虑自评量表(SAS)

填表注意事项:下面有 20 条文字,请仔细阅读每一条,把意思弄明白,然后根据您最近一星期的实际感觉,在适当的方格里画一个"√"。每一条文字后有 4 个方格,表示:1. 没有或很少时间;2. 少部分时间;3. 相当多时间;4. 绝大部分或全部时间。

	1	2	3	4
1. 我觉得比平常容易紧张和着急。	☐	☐	☐	☐
2. 我无缘无故地感到害怕。	☐	☐	☐	☐
3. 我容易心里烦乱或觉得惊恐。	☐	☐	☐	☐
4. 我觉得我可能将要发疯。	☐	☐	☐	☐
*5. 我觉得一切都很好,也不会发生什么不幸。	☐	☐	☐	☐
6. 我手脚发抖打战。	☐	☐	☐	☐
7. 我因为头痛,颈痛和背痛而苦恼。	☐	☐	☐	☐
8. 我感觉容易衰弱和疲乏。	☐	☐	☐	☐
*9. 我觉得心平气和,并且容易安静坐着。	☐	☐	☐	☐
10. 我觉得心跳很快。	☐	☐	☐	☐
11. 我因为一阵阵头晕而苦恼。	☐	☐	☐	☐
12. 我有晕倒发作或觉得要晕倒似的。	☐	☐	☐	☐
*13. 我呼气吸气都感到很容易。	☐	☐	☐	☐
14. 我手脚麻木和刺痛。	☐	☐	☐	☐
15. 我因为胃痛和消化不良而苦恼。	☐	☐	☐	☐
16. 我常常要小便。	☐	☐	☐	☐
*17. 我的手常常是干燥温暖的。	☐	☐	☐	☐
18. 我脸红发热。	☐	☐	☐	☐
*19. 我容易入睡并且一夜睡得很好。	☐	☐	☐	☐
20. 我做噩梦。	☐	☐	☐	☐

注:*者为反向计分;评分方法详见第七章。

3. 抑郁自评量表(SDS)

填表注意事项:下面有 20 条文字,请仔细阅读每一条,把意思弄明白,然后根据您最近一星期的实际感觉,在适当的方格里画一个"√"。每一条文字后有 4 个方格,表示:1. 没有或很少时间;2. 少部分时间;3. 相当多时间;4. 绝大部分或全部时间。

	1	2	3	4
1. 我感到情绪沮丧,郁闷。	□	□	□	□
2. 我感到早晨心情最好。	□	□	□	□
3. 我要哭或想哭。	□	□	□	□
4. 我夜间睡眠不好。	□	□	□	□
*5. 我吃饭像平时一样多。	□	□	□	□
*6. 我的性功能正常。	□	□	□	□
7. 我感到体重减轻。	□	□	□	□
8. 我有便秘的苦恼。	□	□	□	□
9. 我的心跳比平时快。	□	□	□	□
10. 我无缘无故地感到疲劳。	□	□	□	□
*11. 我的头脑像往常一样清楚。	□	□	□	□
*12. 我做事情像平时一样不感到困难。	□	□	□	□
13. 我坐卧不安,难以保持平静。	□	□	□	□
*14. 我对未来感到有希望。	□	□	□	□
15. 我比平时更容易激怒。	□	□	□	□
*16. 我觉得决定什么事很容易。	□	□	□	□
*17. 我感到自己是有用的和不可缺少的人。	□	□	□	□
*18. 我的生活很有意义。	□	□	□	□
19. 假若我死了别人会过得更好。	□	□	□	□
*20. 我仍旧喜爱自己平时喜爱的东西。	□	□	□	□

注:评分方法详见第七章。

4. A 型行为类型评定量表

A 型行为类型评定量表是美国临床医师弗里德曼等人在 20 世纪 50 年代对冠心病患者进行系统观察和研究,发现冠状动脉粥样硬化性心脏病和高血压易罹患者行为模式多为 A 型行为类型。A 型行为类型评定量表,主要用于评估成人的行为模式。

说明:请回答下列问题。凡是符合您的情况的在括号内打上"√";凡是不符合您的情况的就在括号内打上"×"。每个问题必须回答,答案无所谓对与不对、好与不好。请尽快回答。不要在每道题目上太多思索,回答时不要考虑"应该怎样",只回答您平时"是怎样的"就行了

(　　)1. 我总是力图说服别人同意我的观点。

(　　)2. 即使没有什么要紧的事,我走路也很快。

（　　）3. 我经常感到应该做的事太多，有压力。

（　　）4. 我自己决定的事，别人很难让我改变主意。

（　　）5. 有些人和事常常使我十分恼火。

（　　）6. 有急需买东西但又要排长队时，我宁愿不买。

（　　）7. 有些工作我根本安排不过来，只能临时挤时间去做。

（　　）8. 上班或赴约会时，我从来不迟到。

（　　）9. 当我正在做事，谁要是打扰我，不管有意无意，我总是感到恼火。

（　　）10. 我总看不惯那些慢条斯理，不紧不慢的。

（　　）11. 我常常忙得透不过气来，因为该做的事情太多了。

（　　）12. 即使跟别人合作，我也总想单独完成一些更重要的部分。

（　　）13. 有时我真想骂人。

（　　）14. 我做事总是喜欢慢慢来，而且思前想后，拿不定主意。

（　　）15. 排队买东西，要是有人加塞，我就忍不住要指责他或出来干涉。

（　　）16. 我觉得自己是一个无忧无虑、悠闲自在的人。

（　　）17. 有时连我自己都觉得，我所操心的事远远超过我应该操心的范围。

（　　）18. 无论做什么事，即使比别人差，我也无所谓。

（　　）19. 做什么事我也不着急，着急也没有用，不着急也误不了事。

（　　）20. 我从来没想过要按自己的想法办事。

（　　）21. 每天的事情都使我精神十分紧张。

（　　）22. 就是逛公园、赏花、观鱼等，我也总是先看完，等着同来的人。

（　　）23. 我常常不能宽容别人的缺点和毛病。

（　　）24. 在我认识的人里，个个我都喜欢。

（　　）25. 听到别人发表不正确的见解，我总想立即就去纠正他。

（　　）26. 无论做什么事，我都比别人快一些。

（　　）27. 当别人对我无礼时，我对他也不客气。

（　　）28. 我觉得我有能力把一切事情办好。

（　　）29. 聊天时，我也总是急于说出自己的想法，甚至打断别人的话。

（　　）30. 人们认为我是个安静、沉着，有耐性的人。

（　　）31. 我觉得在我认识的人之中值得我信任和佩服的人实在不多。

（　　）32. 对未来我有许多想法和打算，并总想能尽快实现。

（　　）33. 有时我也会说人家的闲话。

（　　）34. 尽管时间很宽裕，我吃饭也快。

（　　）35. 听人讲话或报告如讲得不好，我就非常着急，总想还不如我来讲哩。

（　　）36. 即使有人欺侮了我，我也不在乎。

（　　）37. 我有时会把今天该做的事，拖到明天去做。

（　　）38. 人们认为我是一个干脆、利落、高效率的人。

（　　）39. 有人对我或我的工作吹毛求疵时，很容易挫伤我的积极性。

（　　）40. 我常常感到时间已经晚了，可一看表还早呢。

（ ）41. 我觉得我是一个非常敏感的人。

（ ）42. 我做事总是匆匆忙忙的,力图用最少的时间办尽量多的事情。

（ ）43. 如果犯有错误,不管大小,我全都主动承认。

（ ）44. 坐公共汽车时,我常常感到车开得太慢。

（ ）45. 无论做什么事,即使看着别人做不好我也不想拿来替他做。

（ ）46. 我常常为工作没做完,一天又过去了而感到忧虑。

（ ）47. 很多事情如果由我来负责,情况要比现在好得多。

（ ）48. 有时我会想到一些坏得说不出口的事。

（ ）49. 即使领导我的人能力差、水平低、不怎么样,我也能服从和合作。

（ ）50. 必须等待什么的时候,我总是心急如焚,缺乏耐心。

（ ）51. 我常常感到自己能力不够,所以在做事遇到不顺利时就想放弃不干了。

（ ）52. 我每天都看电视,也看电影,不然心里就不舒服。

（ ）53. 别人托我办的事,只要答应了,我从不拖延。

（ ）54. 人们都说我很有耐性,干什么事都不着急。

（ ）55. 外出乘车、船或跟人约好时间办事时,我很少迟到,如对方耽误我就恼火。

（ ）56. 偶尔我也会说一两句假话。

（ ）57. 许多事本来可以大家分担,可我喜欢一个人去干。

（ ）58. 我觉得别人对我的话理解太慢,甚至理解不了我的意思似的。

（ ）59. 我是一个性子暴躁的人。

（ ）60. 我常常容易看到别人的短处而忽视别人的长处。

TH=	CH=	L=

结果评价：

（1）项目说明：A 型行为类型评定量表包含 60 个题目,分成 TH、CH、L 三部分。TH 共有 25 题,为时间匆忙感、紧张感、做事快等；CH 共 25 题,为争强好胜、怀有戒心、敌意和缺乏耐心等；L 共 10 题,为真实性的纠正题。TH 和 CH 两部分共 50 道题,涵盖了冠状动脉粥样硬化性心脏病患者所具有的性格和行为表现的主要特征。

TH		CH		L	
是	否	是	否	是	否
2 3 6 7 10 11 19	14 16 30 54	1 4 5 9 12 15	18 36 45 49 51	8 20 24 43 56	13 33 37 48 52
21 22 26 29 34 38		17 23 25 27 28			
40 42 44 46 50 53		31 32 35 39 41			
55 58		47 57 59 60			

（2）评分方法：TH 的 25 个问题中,如果被试选择的题目与上述表格中所列题目的题号相符,则每对一题计 1 分。CH 的 25 题和 L 的 10 个问题的计分方法与 TH 相同。应该首先计算 L 题的得分,如果 L 积分≥7,则表示真实性不大,需要剔除该问卷或重新测试。L 得分≤7,则可以进一步做其他两部分的评分。TH 和 CH 两者得分超过 29 分为 A 型行为倾向；30~36 分为中间偏 A 型；37~50 分为 A

型;27~29分为中间型;19~26分为中间偏B型;1~18分为B型。

实践四　放松疗法训练

实验目的　体验躯体肌肉紧张与放松的不同感受,学会如何使自身肌肉放松,以便达到全身松弛,消除不适。

实验器材　多媒体播放器、放松材料。

实验方法　保持环境安静,光线柔和,播放器音量适中。取坐位,按指示语依次逐步放松全身肌肉。

实验报告　写出放松过程对身心感受的影响。

放松训练指导语

指导语:准备好了吗? 好,现在深深地吸气,慢慢地呼气,再来一遍,深深地吸气,慢慢地呼气,再来一遍,深深地吸气,慢慢地呼气,好!

春天来了,一片鸟语花香的美丽景色,你静静地躺在床上,心情舒适而愉快地享受春天带给你的欢乐与愉悦。一束温暖的阳光暖暖地照在你的头顶,你觉得头部放松了,特别地安逸舒服。这股暖流从整个头部慢慢地流向你的额头,你紧锁的眉头舒展开了(请你仔细体会一下眉头舒展之后的放松感觉,你觉得好舒服好轻松)。你觉得额头凉丝丝的,脸上的每一块肌肉都特别地放松,你觉得舒服极了。

这股暖流从整个头部流到颈部、颈椎,你觉得颈部放松了,颈椎放松了。血液流动非常流畅,慢慢地这股暖流流向你的双肩,你的双肩放松了。每一块肌肉都得到放松,特别的舒展。血液很流畅,暖暖的,非常舒服。

这种温暖的感觉流向你的前臂,你的前臂放松了,又慢慢地流向你的小臂,你的小臂放松了,然后顺着你的手掌心慢慢流向你的手指尖,你的手心暖暖的。请你体验一下手心温暖的感觉,非常的温暖,非常的放松。你再重新体验一下这股暖流从头顶慢慢流向你的额头、双眉,脸部的每一块肌肉都得到了放松,顺着你的颈部、颈椎、双肩一直流向你的手指尖,所有的疲惫都从你的手指尖流走了。

这股暖流流向你的前胸后背,整个前胸后背的肌肉都特别的放松,你胃里的不舒服、炎症在慢慢地消除,你的感觉好极了,腰部非常的舒服,非常的放松。整个髋关节都非常的放松,臀部的每一块肌肉都得到彻底的放松。这股暖流从你的头部慢慢地流向你的额头、双眉,你脸上的每一块肌肉都特别地舒展,你的颈部、颈椎、腰部都特别的舒服,整个身体都感觉非常的放松,请你体会一下这种放松后舒服愉快的感觉。请你把注意力注意到你的前额,你的前额非常的放松,你试试看,体验一下这种舒服愉快的感觉。你紧锁的双眉舒展开了,你的前额凉丝丝的,头脑空空的,你的大脑中的每一个神经细胞都得到了最好的休息,你的精神非常的愉快、放松,身心舒畅。

现在请你把注意力集中到你的大腿上,这股暖流慢慢地流向你的大腿,你大腿上的每一块肌纤维都非常的放松,你的膝关节也放松了,这股暖流顺着你的膝关节慢慢地流向你的小腿,你的小腿放松了,踝关节放松了,脚后跟、脚掌心非常放松,体验一下脚掌心那舒适放松的感觉,非常的舒适,慢慢地这股暖流流向你的脚趾尖,你的脚趾尖非常的放松。

现在从头到脚再来一遍。

现在你的头部放松了,体验一下头部放松的感觉。

你紧锁的眉头放松了,紧锁的眉头舒展开了。

你的颈部放松了,你的颈椎放松了,你的双肩也放松了,你的手臂放松了,一股暖流顺着你的手臂流向你的手心、流向你的手指尖,所有的疲惫、烦恼都从你的手指尖流走了。当这种烦恼和疲惫都消失了的时候,你有一种无拘无束的感觉,你的感觉真的好极了。

你的胸部放松了,你的躯干放松了,尤其是你的颈部、颈椎、双肩、腰部都非常的放松,你体验到一种从未有过的放松感觉。你的髋关节放松了,你的臀部放松了,你身上所有的肌肉都非常放松,请你慢慢地体验,好舒服、好轻松!

现在你觉得浑身放松,心情舒畅,就像躺在湖面上随风飘荡的小船上一样,暖风徐徐吹过你的整个身躯,还有一丝淡淡的水草的香味。你闭上眼睛,深深地陶醉在这片水波荡漾的美丽风景中,你觉得心胸特别的宽广,心情特别的愉快!全身的肌肉非常的放松。好,现在请你慢慢体验一下这种放松后愉悦的感觉。

现在你觉得浑身特别的放松,心情特别的愉快,你觉得舒服极了!

现在你觉得浑身都充满了力量,心情特别的愉快,你的头脑清醒,思维敏捷,反应灵活,眼睛也非常有神气,你特别想下来走走,散散步,听听音乐。

准备好了吗? 好,请你慢慢地睁开眼睛,你觉得头脑清醒,思维敏捷,浑身都充满了力量,你想马上起来出去散散步。

目标测试选择题参考答案

第一章

1. D　　2. B　　3. E　　4. C　　5. B　　6. A　　7. E　　8. D

第二章

1. A　　2. A　　3. D　　4. D　　5. D　　6. E　　7. B　　8. C　　9. A　　10. C

11. E　　12. B　　13. C　　14. D　　15. C　　16. D　　17. D　　18. C　　19. C　　20. C

21. C　　22. E　　23. B　　24. C　　25. E

第三章

1. D　　2. A　　3. C　　4. D　　5. B　　6. B　　7. C　　8. E　　9. A

第四章

1. B　　2. D　　3. A　　4. D　　5. E　　6. D　　7. B　　8. C　　9. B　　10. A

第五章

1. C　　2. C　　3. B　　4. A　　5. C　　6. E　　7. A　　8. C　　9. D　　10. E

第六章

1. D　　2. B　　3. E　　4. A　　5. B　　6. C　　7. E　　8. C　　9. D　　10. C

第七章

1. D　　2. C　　3. B　　4. C　　5. D　　6. A　　7. B　　8. E

第八章

1. A　　2. B　　3. D　　4. C　　5. D　　6. D　　7. D　　8. A　　9. C　　10. E

第九章

1. B　　2. D　　3. A　　4. C　　5. A　　6. E　　7. E　　8. C　　9. B　　10. D

参 考 文 献

[1] 肖丹. 心理学基础 [M]. 北京: 人民卫生出版社, 2002.

[2] 白杨, 田仁礼. 医学心理学基础 [M]. 北京: 人民卫生出版社, 2015.

[3] 马存根, 张纪梅. 医学心理学 [M]. 4版. 北京: 人民卫生出版社, 2014.

[4] 姚树桥, 杨彦春. 医学心理学 [M]. 6版. 北京: 人民卫生出版社, 2013.

[5] 田仁礼. 护理心理学 [M]. 北京: 中国医药科技出版社, 2013.

[6] 刘志超. 医学心理学 [M]. 北京: 人民卫生出版社, 2003.

[7] 陆斐. 心理学基础 [M]. 北京: 人民卫生出版社, 2007.

[8] 杜昭云. 心理学基础 [M]. 北京: 人民卫生出版社, 2006.

[9] 李丽华. 心理与精神护理 [M]. 2版. 北京: 人民卫生出版社, 2008.

[10] 王宇中. 护理心理学 [M]. 郑州: 郑州大学出版社, 2012.

[11] 侯再金. 医学心理学 [M]. 北京: 人民卫生出版社, 2014.

[12] 马帮敏. 医学心理学 [M]. 长春: 吉林大学出版社, 2015.

[13] 孙萍, 肖曙辉. 医学心理学 [M]. 武汉: 华中科技大学出版社, 2010.

[14] 朱金富, 玄英哲. 医学心理学 [M]. 郑州: 郑州大学出版社, 2008.